애들아,
학교를
부탁해

애들아 학교를 부탁해
© 생명의말씀사 2021

2021년 7월 28일 1판 1쇄 발행

펴낸이 | 김창영
펴낸곳 | 생명의말씀사

등록 | 1962. 1. 10. No.300-1962-1
주소 | 서울시 종로구 경희궁1길 6 (03176)
전화 | 02)738-6555(본사) · 02)3159-7979(영업)
팩스 | 02)739-3824(본사) · 080-022-8585(영업)

지은이 | 나도움, 이정현

기획편집 | 서정희, 김유미, 장주연
디자인 | 김혜진
인쇄 | 영진문원
제본 | 정문바인텍

ISBN 978-89-04-16769-2 (03230)

저작권자의 허락없이 이 책의 일부 또는 전체를
무단 복제, 전재, 발췌하면 저작권법에 의해 처벌을 받습니다.

---

'애들아' 사용 서체 : Mapo 마포나루

# 얘들아, 학교를 부탁해

나도움 · 이정현

나에게 스쿨처치란 <u>하나님의 선물</u> 이다.

공동체 속에서 하나님의 일하심을 깨달을 수 있는 시간을 선물 받았기 때문이다.
- 고주은


나에게 스쿨처치란 <u>기회</u> 다.

모든 것을 포기하고 싶었던 순간 나를 위해 기도해주는 사람들을 만나서
다시 시작할 힘을 얻었기 때문이다.
- 구하은


나에게 스쿨처치란 <u>믿음의 나침반</u> 이다.

학교에서 어떤 모습으로 살아가야 할지 방향을 알려주기 때문이다.
- 김경건


나에게 스쿨처치란 <u>우리</u> 다.

우리가 학교의 작은 교회이기 때문이다.
- 김하은


나에게 스쿨처치란 <u>삶의 활력소</u> 다.

하나님과 교제를 할 수 있으며, 그 교제를 통해서 살아가는 힘을 얻기 때문이다.
- 류민준

SCHOOL CHURCH

나에게 스쿨처치란 필름 카메라 다.

필름 카메라만의 매력이 있는 것처럼 학교 예배에서만 누릴 수 있는 은혜가 있기 때문이다.

**- 류호경**

나에게 스쿨처치란 학교생활의 오아시스 다.

하나님의 말씀을 나눌 수 있는 사막의 오아시스 같은 자리이기 때문이다.

**- 박예빈**

나에게 스쿨처치란 기억 이다.

내가 하나님을 믿고 있다는 것을 잊지 않게 해주기 때문이다.

**- 서한나**

나에게 스쿨처치란 작은 불꽃 이다.

작은 불꽃이 모여 큰 산을 태우듯이 우리의 기도 모임을 통해서 학교를 변화시킬 수 있다고 믿기 때문이다.

**- 엄예솔**

나에게 스쿨처치란 기쁨 이다.

스쿨처치 예배를 통해 하나님을 믿는 친구들이 생길 때 기쁘기 때문이다.

**- 유도경**

**추천사**

## 우리 학생들의 세상은
## 바로 '학교'입니다

　마태복음 5장 13-14절에서 예수님은 예수님을 믿는 우리는 세상의 소금이고, 빛이라는 정체성을 말씀해 주셨습니다. 우리 학생들이 절대적인 시간을 보내고 있는 장소는 바로 '학교'입니다. 따라서 우리 학생들의 삶에 있어서 세상은 바로 '학교'입니다. 우리 학생들이 학교 안에서 소금으로, 빛으로 살아가게 하기 위해서 '스쿨처치'는 꼭 필요합니다.

　학교에서 크리스쳔 학생들이 온전한 예배자가 되고, 학교 안에서 소금과 빛으로 살아가면서 선한 영향력을 발휘함을 통해 학교가 변할 것입니다. 참된 크리스쳔 학생들의 모습을 보고 불신자 학생들이 기독교에 관심을 가지게 되고, 학교 예배 모임에 나오게 되고, 예수 그리스도를 구주로 영접하는 역사가 일어날 것입니다.

　지역 교회들과 다음 세대 단체들과 사역자들이 함께 힘을 합쳐서 스쿨처치를 세워나가야 합니다. 우리 학생들이 학교에 있다는 당연한 사실을 잊지 말고, 우리 학생들을 만나러 학교에 들어가야 합니다. 학교에 들어가고 '스쿨처치'를 세우고 정착시키기 위해서는 지혜가 필요합니다.

　이 책은 그 지혜를 알려주는 '스쿨처치'의 교과서와 같은 책입니다. '스쿨처치' 가운데 하나님이 놀랍게 일하시고 역사하신 생생한 은혜의 스토리가 담겨 있고, '스쿨처치' 사역을 어떻게 할 수 있는지에 대한 전문적인 노하우도 들어 있습니다. 지금과 같은 비대면 시대에도 '스쿨처치'를 할 수 있는 방법에 대한 중요한 정보도 제공하고 있습니다.

한국 교회 다음 세대 사역의 현장에서 땀 흘려 힘차게 사역하고 계시는 이정현 목사님과 나도움 목사님이 이 귀한 책을 출간하시는 것을 진심으로 축하드리고 감사의 인사를 드립니다. 이 책을 많은 분이 읽고 도전을 받아 '스쿨처치 운동'이 다시 한 번 한국 교회와 학교 현장 가운데 일어나기를 소망합니다.

_ 김성중 (장로회신학대학교 기독교교육과 교수)

## 학교에서 새로운 길을 열어간 이들의
## 믿음의 고백서

하나님은 이집트에서 노예살이하던 자기 백성을 구하려 가시떨기나무에 불꽃으로 나타나셨다. 깊은 바닷속에 길을 내기도 하셨고, 나중에는 구름 기둥과 불 기둥으로 인도하시다, 성막과 성전으로 당신의 임재를 보이셨다. 시간이 흘러 그 임재의 상징들은 예수님을 통해 완성되어 지금껏 예수님은 때마다 새로운 세대들을 일으키시고 그들을 통해 찬송과 영광을 받아오셨다.

팬데믹이 세상을 덮치면서 교회에서 이전과 같은 집회와 만남이 여전히 어렵다. 그러나 코로나19 이전에도 교회학교는 위기였다. 저출산 고령화 파도 아래에서 청소년과 청년들이 사라지는 한국 교회의 미래를 두고 암울하다는 목소리들이 지배적이었다. 이처럼 인간의 눈으로는 한 치 앞을 가늠하기 어렵고 비관적인 상황임에도 이 모든 것을 뚫고 하나님은 새 일을 행하고 계셨다. 하나님은 당신의 영광을 찬송할 새로운 세대들을 당신의 방법으로 변방에서부터 부르고 계셨다.

이 책은 청소년들이 가장 많이 모여 있고 가장 많은 시간을 사용하는 학교에서 새로운 길, 스쿨처치를 열어간 이들의 믿음의 고백서이다. 이전에도 그러하셨던 것처럼 하나님은 우리 시대에도 당신의 마음을 가진 이들을 부르시어 새 일을 하고 계신다.

_ 김정태 (좋은교사 공동대표)

SCHOOL CHURCH

**대면과 비대면에 상관없이
시대를 관통하는 스쿨처치의 원리**

"기도하는 한 사람이 기도 없는 한 민족보다 낫다." 학창 시절 수없이 외쳤던 구호다. 종교의 자유가 헌법에 명시되어 있음에도 진리를 선포하는 것이 이상하게 여겨지는 이때, 가장 필요한 것은 기도라고 이 책은 말하고 있다. 저자의 말처럼 지금의 공교육은 무너졌다. 그러나 이 책에 실린 기도하는 청소년들의 수많은 간증을 통해 아직 희망이 있음을 느낀다.

여기서 강조하는 스쿨처치를 세우기 위해 제시하는 매뉴얼은 대면과 비대면에 상관없이 시대를 관통하는 원리다. 나도 이 시스템을 따라 학교에 기도회를 세우고 부흥을 일으켜 어떤 교사도 함부로 터치할 수 없는 기도 공동체를 만들었고, 이런 영향력 있는 공동체가 있었기에 학교에 복음이 들어올 수밖에 없었다.

이 책은 잠시 주춤했던 학교 사역에 다시 박차를 가하게끔 하는 시발점이 되리라 기대한다. 남녀노소 불문하고 스쿨처치 사역을 희망하는 이 땅에 있는 모든 이들에게 이 책을 강력히 추천한다. 세상의 가치로 썩어버린 이 땅을 다시 일으킬 청소년들이여 지금이 바로 기도할 때다!

_ **민대홍** (전 스쿨처치 인도자, 군산드림교회 교사)

## 다음 세대를 향한
## 저자들의 눈물겨운 몸부림

한국 교회가 위기라는 우려의 목소리가 많습니다. 그 위기 중에서도 다음 세대의 신앙 교육이 큰 위기를 맞고 있습니다. 세상의 가치관이 급변하고 있고 영적으로도 혼미한 시대입니다. 그러다 보니 자녀들의 신앙교육이 제대로 이루어지지 않는 실정입니다.

이런 가슴 아픈 현실에도 많은 사역자와 교회학교 교사들이 안타깝게 고군분투하고 있습니다. 저자 이정현 목사님과 나도움 목사님도 그중의 한 분입니다. 다음 세대를 향한 저자들의 몸부림이 눈물겹습니다.

청소년 사역은 학생들과 만남이 중요한데, 이 책은 아이들에게 다가가려고 애쓰는 몸부림의 과정에서 얻은 소중한 자료라 할 수 있습니다. 그렇기 때문에 이 땅의 청소년들을 그리스도 안에서 바로 세우길 원하는 분들에게 실제적인 도움을 주는 책이라 믿습니다.

_ 이찬수 (분당우리교회 담임목사)

## 현장 중심 청소년 사역의
## 새로운 지평을 열다!

청소년기는 가치관의 혼란을 겪는 시기이기도 하지만 새로운 가치관이 정립되는 시기이기도 하다. 특히 세상을 바라보는 관점인 세계관이 형성되는 이 청소년 시기에 건강한 신앙의 지도를 받는 일은 무엇보다 중요하다. 본서의 저자들은 청소년을 향한 뜨거운 열정을 가슴에 안고 어떻게 하면 이 땅의 청소년들에게 시간과 장소를 가리지 않고 예수 그리스도의 복음을 전할 수 있을 것인지를 고민하며 이 책을 써 내려가고 있다.

본서의 저자들은 그동안 한국 교회가 전통적으로 실천해오던 교회 교육이라는 틀을 넘어 학교에서도 어떻게 신앙 교육을 할 것인가를 고민하며 이 책을 저술하였다. 사실상 그동안 한국에서의 기독교교육은 교회 교육, 주일 교육이라는 장소와 시간의 한계를 넘어서지 못하였다.

그러나 본서는 청소년을 위한 신앙교육의 장을 학교로 넓히고 있고, 청소년이 있는 곳은 어디든지 복음을 전해야 한다는 점을 강조하며 매우 중요한 신앙 교육적 의미를 우리에게 제공해 준다. 또한 신앙 교육의 생태계를 학교로 확장해야 한다는 전제하에 스쿨처치에 대한 이론과 실제적 지침을 독자들에게 상세하게 제시하고 있다.

저자들은 철저하게 '찾아가는 신앙교육'에 목숨 걸고 사역해야 한다고 강조한다. 주일에 교회에 나오지 못하거나 혹은 안 나오는 학생들을 위해 그들이 공부하는 학교로 찾아가서 예수 그리스도의 그 뜨거운 복음을 선포하는 것이 사역자의 사명임을 밝히고 있다.

또한 코로나19로 인해 비대면 교육환경으로 전환된 현실 속에서도 저자들은 온라인을 통해 할 수 있는 스쿨처치의 다양한 방법들을 고민하며 제시하고 있다.

본서의 의미는 저자들의 경험을 토대로 스쿨처치를 어떻게 운영할 것인지에 대한 실제적인 지침을 매우 구체적으로 제공하고 있다는 데 있다. 그래서 이 책을 읽는 청소년 사역자들에게 열정만 있다면 누구라도 쉽게 스쿨처치를 시도하고 실천할 수 있도록 한다.

이 책은 스쿨처치 사역자들의 청소년 영혼 구원에 대한 강력한 열정을 담고 있으며 그 열정적 사역의 결과인 크리스천 청소년 학생들의 생생한 신앙성장 경험담을 담고 있다. 이 점에서 본서는 현장 중심의 청소년 사역이라는 새로운 지평을 제시하고 있는 혁신적인 책이라 하겠다. 아무쪼록 본서에서 표현된 저자들의 영혼 구원에 대한 열정이 독자들에게 고스란히 전달되기를 기대하며 청소년 사역의 확장을 기대하는 모든 사역자에게 일독을 권한다.

_ 함영주 (총신대학교 기독교교육과 교수)

SCHOOL CHURCH

## 학교에서 예배를 세워가는 이들에게
## 필요한 힘과 무기

스쿨처치를 세워 가고 예배드리던 고등학교 시절을 생각하면 지금도 가슴이 뜨거워집니다. 스쿨처치를 하면서 겪었던 어려움이 너무 많았고, 답이 보이지 않았던 상황도 있었습니다. 그럼에도 하나님은 늘 함께하셨고, 예배를 세우시고 이끌어 가셨습니다.

이 책은 학교에서 예배 모임을 세우기 원하는 학생들에게, 다음 세대를 향한 비전과 사랑 그리고 갈망이 있으신 사역자분들에게 큰 힘과 길이 될 것입니다. 또한 든든한 지원군이 될 것이라 확신합니다. 그뿐만 아니라 여러분이 살아가는 바로 그곳이 예배의 장소이고, 예배하는 그곳이 교회라는 것을 확신시켜 줄 것입니다.

학교에서 예배를 세워 가고 지키기 위해 믿음의 전쟁터 최전방에 서 계신 여러분! 이 책은 그런 여러분에게 큰 힘과 무기가 될 것입니다.

_ 함종현 (전 스쿨처치 인도자, 서울신학대학교 학생)

# CONTENTS

**추천사** ... 6
**저자의 말** 무모한 사역, 하지만 반드시 해야 하는 일 _ 이정현 목사 ... 20
**프롤로그** 스쿨처치를 아시나요? ... 24

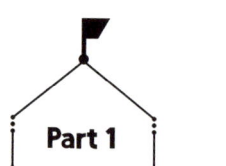

## Part 1

### 세상이 감당치 못할 하나님의 사람들로 성장시켜라

**이정현 목사의 스쿨처치 스토리**

| | | |
|---|---|---|
| 01 | 학생들이 있는 곳으로 가자 | ... 31 |
| 02 | 학생들의 신앙에 중립은 없다 | ... 36 |
| 03 | 보너스로 주신 성적 | ... 39 |
| 04 | 스쿨처치는 인생의 표지판 | ... 43 |
| 05 | 학교 사역자의 시그니처 | ... 51 |
| 06 | No Pain No Gain | ... 55 |
| 07 | 학교에 가야 할 분명한 이유 | ... 59 |
| 08 | 믿음이 세상을 이긴다 | ... 62 |

**우리의 고백** 나에게 스쿨처치란 '믿음의 나침반'이다 ... 66
_ 김경건 (군산○○중학교 스쿨처치 예배자)

# Part 2

## 거리와 시간에 상관없이 기꺼이 달려갑니다

**나도움 목사의 스쿨처치 스토리**

| | | |
|---|---|---|
| 01 | 제발 그들과 연결되게 해주세요! | ··· 71 |
| 02 | 진정한 학교예배자들 | ··· 76 |
| 03 | 스쿨처치는 SNS를 타고 | ··· 80 |
| 04 | 땅끝 마을에도 세워진 스쿨처치 | ··· 83 |
| 05 | 학교 예배라면 대학교도 빠질 수 없지 | ··· 89 |
| 06 | 다음 세대를 만나는 여행 | ··· 93 |

**우리의 고백** 나에게 스쿨처치란 '무엇과도 바꿀 수 없는 기억'이다 ··· 96
_ **이태양** (총신대학교, 전 해남○○고등학교 스쿨처치 예배자)

**BOOK in BOOK**
나도움 목사의 10대를 위한 〈당신의 이야기를 들어 드립니다〉 ··· 100

# Part 3

## 비대면 시대에도
## 우리는 예배합니다

**온택트 스쿨처치**

| | | |
|---|---|---|
| 01 | 끊어지지 않는 청소년 사랑 | … 113 |
| 02 | 변명이 아니라 방법 찾기 | … 115 |
| 03 | 온택트 스쿨처치 | … 118 |
| 04 | 온택트 스쿨처치 연합기도회 | … 121 |
| 05 | 스쿨처치 온라이브(On-Live) | … 123 |
| 06 | 스쿨처치 랜선 집회 | … 127 |
| 07 | 온라인 심방 오픈 채팅 | … 130 |
| 08 | 기회를 잡기 위해 준비하는 시간 | … 134 |

**우리의 고백** 나에게 스쿨처치란 '우리'다 … 138
_ **김하은** (인천○○고등학교 스쿨처치 예배자)

# Part 4

## 주인공은 학생, 사역자는 조연

**스쿨처치 노하우**

| | | |
|---|---|---|
| 01 | 아이들이 아니라 예배자다 | ⋯ 145 |
| 02 | 혼자 할 수 없는 사역 | ⋯ 151 |
| 03 | 스쿨처치 운영 규칙 | ⋯ 155 |
| 04 | 학교 방문을 위한 전략 세우기 | ⋯ 160 |
| 05 | 사역자들과 학생들을 위한 사역 지침 | ⋯ 165 |
| 06 | 어떻게 하면 스쿨처치를 정착시킬 수 있을까? | ⋯ 171 |
| 07 | 꼭 성공하지 못하더라도 괜찮다 | ⋯ 175 |

**우리의 고백** 나에게 스쿨처치란 '기회'다 ⋯ 178
_ **구하은** (장로회신학대학교, 전 포천○○고등학교 스쿨처치 예배자)

**에필로그** 우리는 학교에서도 크리스천입니다 _ 나도움 목사 ⋯ 180

## 부록 1

### 스쿨처치 사역자 Q&A

**01** 학교들의 연합을 도와요 ··· **187**
　　_ **김성준 목사** (듀나미스 인천학교예배자연합 담당 사역자)

**02** 교회가 학교를 품게 해요 ··· **195**
　　_ **최새롬 목사** (학원복음화인큐베이팅 대표)

**03** 지역 교회와 협력해서 스쿨처치를 세워요 ··· **203**
　　_ **최영환 목사** (새에덴교회 고등2부 담당 사역자)

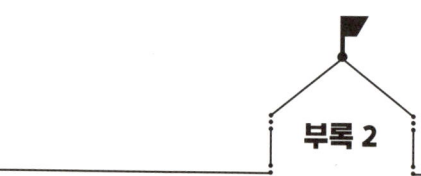

### 스쿨처치 학생 예배자 Q&A

**01** 학교에서만 누릴 수 있는 은혜가 있어요　_ **류호경**　··· **212**
**02** 급식보다 기도 모임이 좋아요　_ **엄예솔**　··· **216**
**03** 왕따를 당해도 괜찮아요　_ **임현아**　··· **220**
**04** 외로움과 이별했어요　_ **지정훈**　··· **225**
**05** 단지 기도의 자리를 옮기는 것뿐이에요　_ **황예희**　··· **229**

**부록 3**

## 스쿨처치 포켓 예배지

학교에서 교회를 세우는 과정을 소개합니다 ··· **236**
큐티(Q.T.) 하는 방법 ··· **237**
스쿨처치 모임 방법 ··· **238**
  – 학교에 스쿨처치가 있는 경우
  – 학교에 스쿨처치가 없는 경우
  – 온라인으로 스쿨처치를 하는 경우

스쿨처치 기도 제목 ··· **240**
  – 학교를 위해
  – 학교 선생님들을 위해
  – 친구들을 위해
  – 학교 기도 모임을 위해
  – 국가를 위해

## 저자의 말

# 무모한 사역,
# 하지만 반드시 해야 하는 일

　내 청소년 사역의 핵심은 '스쿨처치'(School Church)였다. 청소년 사역자가 교회에만 머물러 있지 않고 학생들이 다니는 학교로 직접 찾아가는 것을 스쿨처치 사역이라고 할 수 있다. 스쿨처치는 영적인 싸움이다. 학교 측과 사전 교감을 하고 방문하는데도 늘 변수가 있고, 예상치 않은 핍박도 많이 받는다.

　그래서 스쿨처치가 시작되는 3월 개학을 앞두고 늘 한 달 이상 작정 기도를 했다. 영적인 싸움은 얼마나 기도로 준비하느냐에 따라서 성패가 갈리기 때문이다. 아마도 이러한 영적인 싸움은 나뿐만 아니라 스쿨처치를 하는 모든 사역자가 겪을 것이라 생각한다.

　스쿨처치는 3월 개학이 가장 중요하다. 이때 아이들을 찾아가서 만나면 엄청난 열매를 얻을 수 있다. 1년 사역이 3월에 결정 난다고 해도 과언이 아니다. 그래서 나는 겨울 수련회의 모든 과정이 새 학기에 집중되도록 맞췄고, 수련회로는 성에 차지 않아서 새 학기가 시작하기 전에 한 주간 학생들과 특별새벽기도회를 하고 3월 개학을 준비했다. 그리고 3월이 되면 마치 군사가 성을 진격해 쳐들어가듯이 "학교를 향하여 돌격 앞으로!"라고 외치면서 사역에 뛰어들었다.

그러한 3월이, 그 중요한 3월이, 2020년 코로나19로 인해서 아무것도 할 수 없는 3월이 되어 버렸다. 사상 초유의 개학 연기가 결정되었고, 그 연기는 계속 또 다른 연기를 낳았다. 늦게라도 학교는 개학했지만, 학생들은 전처럼 매일 등교를 하지 않고 원격 수업을 병행했다.

이로 인해서 스쿨처치는 직격탄을 맞았다. 학교 사역을 하는 이들이 아무런 사역을 할 수 없게 되었다. 미션 스쿨에서도 학교 내 채플을 정상적으로 할 수 없게 되었으니, 외부에서 학교로 들어가서 하는 사역은 완전히 불가능한 상태가 되어 버린 것이다.

그뿐만 아니라 각 교회 주일학교 자체가 거의 올 스톱이 되어 버렸다. 어른들도 급하게 영상 장비를 준비해서 간신히 온라인 예배를 만들었기에, 교회가 주일학교에 제대로 신경 쓸 겨를이 없었다. 무엇보다도 준비할 상황이 안 되었다.

이번 코로나19 상황은 주일학교로 보자면 마치 6·25전쟁과 흡사했다. 적들은 탱크를 밀고 남하하는데 우리는 속수무책으로 당하고만 있는 상황과 같았다. 주일학교는 정말 할 수 있는 일이 없었다. 그냥 '온라인 예배로 전환'하는 것이 전부였다.

평소에 교회에서도 예배를 제대로 드리지 않던 녀석들이 컴퓨터나

휴대폰 앞에서 제대로 예배를 드렸을 리 만무하다. 결국 코로나19 시대에 주일학교가 거의 붕괴되어 버린 것이 우리의 현실이다. 주일학교 학생들의 영혼은 방치된 채로 내버려졌다.

그러면 이때 우리는 '그냥 가만히 있어야' 하는가? 아니다. 코로나19의 유행이 장기화되었고, 이제는 '코로나19와 함께하는' 시대가 되었다. 이로 인해 주일학교가 너무나 주저앉아 버렸다. 온라인 사역이 도입되긴 했지만 아이들의 영적 성장에는 역부족이다.

지금 이 상황 속에서 우리는 다시 일어나야 할 것이다. 예전과 똑같은 모양의 사역은 할 수 없지만, 똑같은 마인드로 사역하는 것은 가능하다. 주일학교가 언제 좋은 풍토 속에서, 열렬히 환영받으면서 승승장구한 적이 있었던가? 원래 힘든 곳이다. 오죽하면 주일학교 사역을 '교회 3D 업종'이라고 하겠는가. 누가 알아주지도 않는 사역이 주일학교 사역이고, 스쿨처치 사역이다.

감사하게도, 2020년 잠잠했던 스쿨처치 운동이, 2021년 다시 일어나고 있다. 전보다 인원은 조금 줄었지만 학교마다 모임이 재개되고 있다. 대면으로 진행했던 스쿨처치 인도자 과정들이 온라인을 통해서 속속 개설되고 있다. 학교별 연합 모임들도 온라인으로 다시 활성화되고 있다. 학교 사역자들이 다시 한 번 용기를 내 학교로 가고 있다.

여전히 코로나19의 위험성이 있지만 왜 사역자들이 다시 학교로 가는가? 이유는 딱 한 가지다. 영혼을 살리기 위해서다. 이것 말고는 답이 없어서 그렇다. 이 사역을 통해서 영혼들이 구원받고 살아나는 일을 주님이 기뻐하시리라 믿기 때문에 그들이 학교에 가는 것이다. '때를 얻든지 못 얻든지' 다시 학교로 가야 하고, 아이들을 만나야 한다. 이 길만이 청소년들의 영혼을 구하고 살리는 최선이다.

이 책에 소개된 스쿨처치 스토리는 어찌 보면 맨땅에 헤딩하는 사역 이야기다. 무모해도 너무 무모해 보이는 사역이다. 하지만 반드시 우리가 해야 하는 사역이다. 그리고 주일학교를 일으켜 세우는 사역이고, 청소년 부흥과 직결되는 필수 불가결의 사역이다.

이 책을 통해서 식어진 우리 가슴에 다시 불이 붙길 소망한다. 무너져 버린 한국 교회의 주일학교가 다시 한 번 일어나길 고대한다. 방법은 달라질 수 있지만, 이 땅의 모든 교회가 주변 학교들을 품고 기도하며 그들을 주님께 인도하길 간절히 기도한다.

_ 이정현 목사

프롤로그

## 스쿨처치를 아시나요?

믿기지 않는 일이 눈앞에 펼쳐졌다. 자꾸만 밀려드는 학생들의 숫자가 헤아릴 수 없을 정도였다. 나중에 대략 세어 보니 400명쯤 되는 아이들이 모였다. 무슨 대규모 찬양 집회나 수련회를 하자는 것이 아니었다. 학교 점심시간 중 짧은 틈새를 이용해 학생들을 만나고, 잠깐 기도 모임을 갖겠다고 한 것이 전부였다. 스쿨처치 사역을 시작하고 수많은 일을 겪었지만 이런 사건은 처음이었다. ○○중학교에서 그야말로 엄청난 일이 벌어지고 있었다.

요즘 아이들은 종교에 관심이 없다는 것이 정설이다. 사역 현장에서 만나는 아이들이 실제로 그렇다. 초등학생 때까지는 부모를 따라 어찌어찌 교회에 붙어 있던 아이들도 상급 학교에 진학하면서 자신의 의지가 조금 커졌다 싶으면 하나둘씩 예배의 자리를 비우기 일쑤다. 하물며 애초부터 신앙생활과는 거리가 멀게 지낸 아이들이 복음이니, 회개니, 구원이니 하는 낯선 주제들에 흥미를 느낄 리 만무하다.

특히 사춘기 한가운데를 지나며 툭하면 '질풍노도'(疾風怒濤)를 일으키는 중학생들은 누가 하란다고, 억지로 시킨다고 순순히 말을 듣는 존재가 아니다. 자기가 누릴 수 있는 자유를 단 1초라도 빼앗기지 않으려고 끝까지 버티는 이들이 소위 '중딩'(중학생)이다. 그런 아이들이 황금 같은 점심시간에 무려 400명씩이나 모인 것이다.

몹시도 신기하고 놀라워서 모임이 끝난 후 평소 ○○중학교 기도 모임에 참여하는 학생들에게 물어보았다.

"너희 학교에 대체 무슨 일이 있었던 거야? 어떻게 해서 이렇게 많은 학생이 모였지?"

더욱더 놀라운 이야기가 기다리고 있었다. 아이들은 이번 학교 심방을 기다리면서 특별한 준비를 했다고 대답했다.

"목사님, 우리 학교에 목사님이 찾아오신다고 해서 저희가 매일매일 금식하며 기도했어요. 사랑하는 친구들 중 한 명이라도 더 이 자리에 참석할 수 있게 해달라고요."

뭉클했다. '금식 기도라니! 중학생들이, 그것도 자발적으로!'

불가능해 보이는 이런 일들이 스쿨처치를 통해서 일어난다. ○○중학교의 소식은 순식간에 다른 학교까지 퍼져 나갔다. 이후 내가 방문하는 학교마다 기도 모임에 참여하는 학생들이 금식하며 준비하는 모습이 유행처럼 번졌다. 기도의 불꽃은 더욱 활활 타올랐고, 수많은 청소년이 예수님께 돌아왔다.

군산 시내 모든 고등학교, 중학교, 초등학교로 차근차근 이어져 가던 학교 기도 운동이 어느새 전국 방방곡곡으로 퍼져 나가고 있다. 여러 도시에서 벌어지는 학교 기도 운동의 연합모임이 결성되고, 대도시들을 중심으로 학교 기도 운동 주도의 대형 집회가 열리기도 한다.

이 이야기는 다름 아닌 스쿨처치의 현장이다. 스쿨처치는 전국 곳곳에서 들불처럼 퍼져 가고 있다. 스쿨처치는 청소년들이 중심이 되어서 자발적으로 자신의 학교에 교회를 세우는 운동을 뜻한다. 비록 모습과 모양은 학교마다 다를 수 있지만, 각 학교에서 진행되는 학생들 중심의 예배 모임, 기도 모임, 성경 공부 모임 등의 영적인 모임을 총칭해서 '스쿨처치'라고 한다. 주일날 출석하는 지역 교회만 교회라고 생각하는 것이 아니라, '우리가 교회'라는 의식을 가지고 살아가는 것을 말한다.

그렇기에 스쿨처치 사역에 동역하는 학생들, 즉 학교예배자들은 "우리는 학교에서도 크리스천입니다"라는 고백을 하나님께 드리며, 그 고백을 스쿨처치의 슬로건으로 내세우고 있다.

스쿨처치는 여러 가지 모습으로 시작되었다. 대표적인 스쿨처치의 예로 군산드림교회 청소년부를 중심으로 일어난 사역을 들 수 있다. 한 지역 교회에서 '학교 심방을 하고자' 하는 걸음으로 시작했던 스쿨처치는 군산 전역의 초·중·고등학교와 대학교 캠퍼스까지 이어지고 있다.

또한 한 신학생이 기도하면서 지역의 중·고등학교를 직접 찾아가 학교에 예배자를 세우고자 한 비전에서도 시작되었다. "학교 안에 예배자로 살길 원하는 학생이 단 1명이라도 있다면 그 학생을 찾아 격려하자"라는 사역자의 비전이 스쿨처치의 또 다른 도화선이 되었다.

스쿨처치의 핵심은 학생이 학생을 전도하고, 청년들이 청소년들을 신앙 안에서 돌보는 것이다. 그야말로 다음 세대가 주도하는 사역이다. 교회와 사역자는 밖에서 그들을 돕고 독려할 뿐이다.

요즘같이 모든 것이 풍족한 시대에 청소년들이 초코파이 하나 때문에 모이는 일은 일어나지 않는다. 과연 그들을 자발적으로 모이게 하고, 모임을 정착시키게 하고, 확대해 나가게 하는 힘은 무엇일까?

다음 세대를 위한 사역의 중요함과 시급함에 대해 많은 사람이 동의하지만, 모두가 대안을 가지고 있지는 않다. 그런데 여기, 이미 들불처럼 퍼져 가고 있는 청소년 부흥의 현장이 있다. 모두가 대안으로 삼고 힘써서 그 불길이 계속 타오르게 해야 할 것이다.

스쿨처치, 그 현장의 생생함과 10여 년 동안 개척하듯 일궈 온 사역의 실제적인 지침들을 이야기하려 한다.

\* 책에 실린 학교의 이름과 스쿨처치 사역에 동역하고 있는 학생 중 일부는 가명으로 작성했습니다.

# Part 1

## 세상이 감당치 못할 하나님의 사람들로 성장시켜라

SCHOOL CHURCH

결코 좋은 성적을 위해서도,
인생의 성공을 위해서도 기도하지 않았지만,
하나님은 '먼저 그의 나라와 그의 의'를
구한 아이들에게 '이 모든 것'을
보너스로 주신 것이다.

**이정현 목사의
스쿨처치 스토리**

●━━ SCHOOL CHURCH

# 학생들이 있는 곳으로 가자

미국에 이름난 마약상이 있었다. 그는 특히 청소년들에게 엄청난 인기를 누렸고, 따라서 그들 사이에서 강력한 영향력을 가진 존재였다. 이 사람으로 인해 수많은 청소년이 마약을 접하고 중독되는 일이 늘어갔다. 커다란 문제가 아닐 수 없었다.

어느 날 한 목회자가 그 마약상을 만나 대화할 기회가 있었다. 어른들의 말이라면 좀처럼 듣지 않고 제멋대로 행동하는 청소년들이 어떻게 그의 말에는 순순히 따르는지, 자신과 같은 목회자들은 왜 그만큼의 영향력을 끼치지 못하는지 이유가 궁금했다. 비결을 물으니 이런 대답이 돌아왔다.

"목사님들은 만날 교회 안에만 있으니 애들을 만날 수도 없고, 따라서 무슨 영향력을 끼치지도 못하는 게 당연하지 않습니까? 나는 애들이 있는 곳이라면 어디든지 다 따라갑니다. 아침에 학생들이 등교할 때 학교 주변에서 그들을 맞이하고, 수업을 마칠 때면 시간에 맞춰 교문 근처에 나가 학생들을 기다립니다. 야외 학습을 떠날 때면 저도 그곳에 따라갑니다. 내가 학생들에게 영향을 끼칠 수 있게 된 가장 큰 비법은 바로 이것입니다."

'청소년들이 왜 교회에 나오지 않는가?', '어째서 그들을 전도하지 못하는가?' 하고 고민하는 이들이라면 이 일화를 새겨들을 필요가 있다. 청소년들에게 복음을 전하기 원한다면, 그들에게 영적인 영향력을 끼치기 원한다면 그들이 있는 곳으로 찾아가야 한다.

그렇다면 우리의 청소년들은 어디에서 지내는가? 그들이 하루에 최소 8시간, 많게는 15시간까지, 그리고 1년에 최소 10개월 이상을 보내는 곳이 과연 어디인가? 가정도, 자기 방도 아니다. 다름 아닌 학교다.

청소년들은 대부분의 시간을 학교에서 먹고, 공부하고, 친구들과 어울려 놀면서 보낸다. 장년 성도를 심방할 때 그들의 가정이나 일터로 찾아가는 것이 당연하다. 그렇다면 아이들을 만나기 위해서는 두말할 필요 없이 학교로 찾아가야 한다. 가서 만나야 한다.

학교에서 만나는 아이들의 모습은 교회에서 마주칠 때와 전혀 다른 느낌이다. 풀 죽은 기색이라고는 전혀 없이, 자신들의 홈그라운드라는 당당함 속에서 교역자나 교사들을 맞이한다. 오히려 먼저 "목사님!", "선생님!" 하고 씩씩하게 부르며 달려들기도 한다.

교회 안에만 머물러 있으면 우리의 사역은 결코 진전될 수 없다. 쉴 새 없이 움직이고 영혼들을 찾아다녀야 한다. 우리가 기다린다고 아이들이 제 발로 찾아오지 않는다. 교역자든, 교사든, 부모든, 선배든 목마름을 느끼는 사역자가 먼저 행동에 나서야 한다.

우리 주님도 그리하셨다. 구원받을 영혼들을 스스로 찾아가셨다. 그렇게 갈릴리의 베드로를 만나셨고, 돌무화과나무 위의 삭개오를 만나 제자로 삼으셨다. 청소년 사역에 비전이 있다면 여기서 출발해야 한다. 반드시 학생들이 있는 곳으로 가야만 한다. 아이들이 학교에 있으면 학교로, 가정에 있으면 가정으로, 온라인에 접속해 있으면 온라인으로, 이유를 불문하고 우리는 학생들이 있는 곳으로 가야만 한다.

2011년 3월, 군산드림교회의 스쿨처치 사역을 개시했다. 다른 계산이 있었던 것도 아니다. '학생들이 가장 많은 시간을 보내는 학교로 찾아가자. 그렇게 해야만 교회가 나에게 맡겨 준 청소년 사역을 감당할 수 있겠다'라는 단순한 생각을 무작정 실천으로 옮겼을 뿐이다.

'학교 심방'이라는 타이틀을 걸고, 드림교회 청소년부 아이들이 다니는 모든 학교를 일일이 찾아다니기 시작했다. 처음에는 주로 같은 학교에 다니는 믿음의 친구들을 결속시키는 일을 했지만, 자연스럽게 믿지 않는 친구들을 전도하는 일로 연결됐다. 그리고 나중에는 이렇게 모인 학생들을 중심으로 학교 안에 기도 모임이 결성되는 열매까지 나타났다.

스쿨처치 사역에는 동역자가 필요했다. 무엇보다 학교 안에서 호응이 있어야 학생들과 만남도, 전도도, 기도 모임도 가능하기 때문에 학생들의 협력이 절실했다.

학교 심방을 시작한 그해 드림교회 청소년부의 여름수련회와 이듬해 겨울수련회를 도화선으로 삼았다. 스쿨처치 사역에 헌신하겠다는 학생들이 일어났고, 마침내 2012년 3월부터 고등학교들을 중심으로 기도 모임이 하나씩 생겨났다.

군산드림교회에 부임한 두 번째 해인 2012년의 청소년부 여름수련회는 잊을 수 없는 기억이다. 당시 수련회에는 아주 특별한 은혜가 있었다. 프로그램 중 설교를 마치고 학생들의 기도회를 한창 인도하던 중이었다. 그런데 미처 예상치 못한 일이 내 입술로부터 시작됐다. 나도 모르게 학생들 앞에서 학교 사역에 대한 비전을 선포하고 있었다.

"대한민국 공교육은 완전히 무너져 내렸습니다. 여러분이 다니는 곳이 정말 학교가 맞습니까? 학교의 진짜 모습은 어떠한가요? 온갖 이기심, 폭력, 욕설, 음란이 가득한 곳이 아닌가요? 바로 여러분이 속해 있는 학교인데, 그냥 이대로 둬야만 할까요? 이토록 무너져 내린 학교를 누군가 바꾸어야 합니다. 그런데 과연 누가 바꿀 수 있을까요?"

나는 그 변화의 주체가 대통령도, 교육감도, 국회의원도, 교장 선생님도 아니라고 말했다.

"저는 학교를 바꿀 수 있는 사람이 다름 아닌 여러분이라고 생각합니다. 우리 드림교회 학생들이 바꿔야 합니다. 그 꿈을 여러분이 품는다면 제가 돕겠습니다."

학생들은 "아멘!"으로 화답했다. 그리고 약속대로 나는 이 사역을 위해 학교로 찾아갔다. 군산○○고등학교에서 가장 먼저 결성된 기도 모임은 엄청난 폭발력을 발휘했고, 그 영적 기운이 차츰 다른 학교로 전파됐다.

시간이 흘러 군산 시내 거의 모든 고등학교에 기도 모임이 세워졌다. 그로부터 2년 후인 2014년부터는 중학교들에도 기도 운동이 일어났고, 2017년에는 '단비'라는 이름으로 군산 시내 초등학교에서도 스쿨처치 운동이 벌어지기 시작했다.

학교 심방으로 조용하고 단출하게 지펴 낸 작은 불씨가 불과 5년여 사이에 군산 시내 대부분의 학교에서 뜨겁게 타오르는 거대한 기도 운동이 되었다. 지금은 그 불길이 대학 캠퍼스까지 번져 가는 중이다.

그 가운데서 드림교회는 여전히 스쿨처치 운동의 커다란 축으로서 역할을 하고 있다. 학교마다 정기적으로 실시하는 학교 심방은 드림교회 청소년부 소속 학생들을 중심으로 믿음이 없는 친구들을 전도하고, 열심을 품은 학생들을 사역팀으로 세우고, 매일매일 학교 기도회가 열리도록 이끌어 가는 추동력으로 작용한다.

스쿨처치 사역을 하면서 단지 열매의 크기와 속도에만 주목하지 않길 바란다. 그보다는 먼저 만나고 부딪치는 것이 중요하다. 청소년을 만날 수 있는 곳, 바로 학교로 찾아가야 한다. 그 뒤에 전도도, 사역도, 다음 세대의 부흥도 이루어진다. 교회 안에만 머물며 행운을 기다리지 말라. 움직이고 찾아가자.

## 학생들의 신앙에 중립은 없다

2011년에 학교 심방으로 시작했던 사역이 2012년부터 스쿨처치로 발전해 2년 만에 군산 시내 거의 모든 고등학교까지 번지고, 그 후 2년 중학교까지 기도 운동이 번져 들불같이 일어났다. 또다시 3년, 앞서 언급한 대로 '단비'라는 이름으로 초등학교에서도 스쿨처치 운동이 일어났고, 대학 캠퍼스까지 그 불씨가 번졌다.

이렇듯 학교 기도 모임은 전염성이 크다. 불길이 한번 일어나면 아무도 제어할 수 없을 정도로 확산된다. 이런 현상은 내가 미국에서 생활하는 동안 간접적으로 접한 '국기 게양대 앞 기도회'의 모습과 경이로울 정도로 흡사하다.

미국에서 유학하던 시절, 내가 살던 곳에서 차로 25분 정도 거리에 텍사스주의 벨레슨이라는 작은 도시가 있었다. 1990년 4월 6일, 그 지역 어느 교회에서 수련회가 열렸다. 대부분의 참석자가 학생이었던 이 수련회에서 저녁 기도회 시간에 엄청난 성령의 역사가 임했다.

많은 학생이 하나님의 강력한 임재를 체험했다. 이곳저곳에서 학생들의 울음소리가 터져 나왔다. 걷잡을 수 없을 정도였다. 학생들은 조목조목 철저하게 자신들의 죄에 대해서 하나님께 회개했다. 무엇보다 그간 자신들이 학교생활과 교우 관계에 있어서 잘못한 부분들에 대해 깊이 참회했다. 토요일 저녁 아주 늦은 시간이 되어서야 기도회는 끝났다.

그런데 이때 한 학생이 집으로 돌아가는 길에 자신의 학교를 위해서 기도하는 심령이 멈출 수 없이 뜨겁게 일어나는 것을 느꼈다. 결국 이 학생은 다른 학생들까지 이끌고 늦은 밤 학교로 향했다. 그리고 학교 국기 게양대 앞에서 다시 한 번 기도의 제단을 쌓았다. 조금 전 수련회에서처럼 친구들과 나란히 서서 학교를 위해, 친구들을 위해, 선생님들을 위해 간절히 기도했다.

하지만 이때까지만 해도 하나님이 이 학생들의 마음을 사용해 어떤 일을 행하실지 아무도 몰랐다. 그날부터 친구들끼리 시작한 '국기 게양대 기도 모임'은 이 학교뿐만 아니라 텍사스주 전체 학교들로, 주 경계를 넘어 미국 전역으로, 그리고 마침내 전 세계로 확산되었다.

앞서 1700년대에 일어난 유럽의 첫 부흥 운동의 시발점도 16세 청소년들에게서 비롯되었다. 독일의 니콜라스 진젠도르프(Nicolas Zinzendorf)라는 소년과 그의 친구들은 학교 안에 은밀한 기도 모임을 만들었다. 이 기도 모임의 이름은 '겨자씨 알곡의 법칙'(The Order of the Grain of Mustard Seed)이었다. 그들은 겨자씨 한 알과 같은 믿음만으로도 산을 옮기기에 충분하다고 하신 주님의 말씀을 의지해 기도했다.

그리고 주님은 그들의 기도 모임을 주목하여 보시고 독일 영적 부흥의 초석으로 삼으셨다. 진젠도르프의 믿음과 열정을 통해 발흥한 것이 바로 독일 경건주의 운동이다. 당시 차가운 지성 일변도로 흘러가던 루터교 중심의 독일 교회 분위기에 경건주의 운동은 뜨거운 숨결을 불어넣으며 새로운 생명력을 일으켰다.

드림교회 청소년들이 작은 헌신으로 시작한 스쿨처치 운동도 미국의 '국기 게양대 기도 모임'처럼, 독일 소년들의 '겨자씨 알곡의 법칙' 기도 모임처럼 오늘날 커다란 영적 파급 효과를 나타내고 있다.

우리의 자녀들을 마냥 어리고 약하게만 보면 안 된다. 성경을 보면 하나님이 어린 사무엘을 부르셨고, 소년 다윗이 블레셋의 거인 골리앗을 쓰러뜨렸다. 그들은 순수하기에 더욱 열정이 있고 전파력이 강하다. 그것이 그들의 강점이요, 동시에 한없는 위험 요소이기도 하다.

우리의 자녀들을 어떤 문화와 세계관 속에 둘 것인가? 그들을 어떤 문화와 생각을 실어 나르는 전파자로 살게 할 것인가? 구원에 중립이 없듯, 우리 자녀들의 인생에도 중립은 없다. 공중 권세 잡은 세상 문화에 자녀들을 내어 줄 것인가, 복음으로 자녀들을 붙잡아 복음의 전달자로 세울 것인가 하는 선택만이 있을 뿐이다.

'겨자씨 만한 믿음'이 어쩌면 기성세대에게 매우 크고 무거운 일일 수 있다. 하지만 자녀들은 다르다. 그들은 순수하고 순전하게 '겨자씨 만한 믿음'을 품고 움직인다. 그리고 그 믿음을 받으신 하나님이 산을 옮기는 역사를 이어 가고 계신다.

# 보너스로 주신 성적

학교 기도 모임 운동 확산에 불을 지핀 것은 군산에 있는 ○○고등학교 학생들이었다. 드림교회 청소년부 수련회에서 결단의 시간을 갖고 얼마 지나지 않아 첫 학교 기도 모임이 시작된 곳이 바로 ○○고등학교였다.

매일 야간자율학습이 끝난 후에 약 30명의 고등학교 3학년 학생들이 학교 4층 음악실에 모여서 기도 모임을 했다. 모일 때마다 학교를 위해서, 선생님들을 위해서, 친구들을 위해서 간절히 기도했는데, 그 기도 소리가 얼마나 큰지 그야말로 학교 전체에 쩌렁쩌렁 울려 퍼졌다. 한 명도 빠짐없이 기도 시간마다 모여서는 우렁찬 목소리로 "주여!"라고 외치면서 기도했다.

자연히 얼마 지나지 않아 학교 안에 기도 모임이 생긴 것을 모든 교사가 알게 됐다. 그런데 그중에서 유난히도 교감 선생님이 이 기도 모임을 탐탁지 않게 여기셨다. 이유가 있었다. 본인의 종교가 다르다는 이유도 있었지만, 대입을 앞둔 전교 상위권 학생들이 기숙사에서 열심히 공부해야 할 시간에 죄다 기도회를 한다고 모여 아까운 시간을 보내는 것이 싫었던 까닭이다.

그래서 항시 기도 모임에 곱지 않은 시선을 보내셨고, 어떻게든 구실을 잡아 기도 모임을 폐지하려고 애를 쓰셨다. 기도 모임에 참여하는 학생들은 교감 선생님의 눈치를 보느라 불안해했다. 열심히 모여 기도하는 한편, 언제나 어두운 그림자가 드리운 느낌이었다.

그런데 뜻밖의 일이 벌어졌다. 갑자기 교감 선생님이 다른 중학교로 전출을 가시게 된 것이다. 학기 중의 인사 발령이 매우 이례적인 일이라 모두가 놀랐지만, 기도 모임 학생들에게는 더 큰 놀라움이었다.

새로 부임하신 교감 선생님은 믿음이 신실한 교회 집사님이셨다. 이후 ○○고등학교 기도 모임은 눈에 보이지 않는 추진력을 얻은 듯 더욱 활기를 띠었다. 심야에만 모이던 기도 모임이 저녁 모임, 점심 모임 등으로 점점 확산됐다. 드림교회라는 특정 교회 학생들뿐 아니라 학교 안의 크리스천 학생들이 함께 모였다. 나중에는 믿음이 없는 아이들까지 참여하기에 이르렀다.

기도 모임에 참여하는 인원이 크게 늘자 학교에서는 정식으로 자율 동아리 등록을 받아 주었다. 심지어 기도 모임 멤버들의 주도로 믿지 않는 친구들을 초청해 야간 전도 찬양 집회를 열기도 했다. 기독교 학교가 아닌 ○○고등학교에서 기도 모임이 이렇게 성장하다니, 놀라운 일이 아닐 수 없었다.

교감 인사 발령이 있던 그해에 학교에 또 다른 사건들도 생겼다. 그 역시 학교 기도 모임에서 비롯된 일이었다. ○○고등학교 학생들에게 뚜렷한 기도 제목들이 있었다. 본인의 좋은 성적이나 인기 대학에 진학하는 것 등은 그 목록에 포함되지 않았다.

이 땅의 공교육이 정상화되기를, 학교 안에서 고통당하거나 힘들어하는 친구가 단 한 명도 없기를 기도했다. ○○고등학교에 주님이 거하시고 하나님 나라가 임하여서 영혼들이 하나님께 돌아오는 것, 그것이 전부였다. 열심히 기도하는 한편으로 학생들은 전도에도 온 정성을 다했다.

드림교회 청소년부에서 ○○고등학교는 보물 같은 존재였다. 매년 100명이 넘는 친구들이 전도를 받고 교회로 나왔고, 전도 집회가 열리는 날에는 한 학급의 대부분이 출석하는 일도 있었다. 누구도 상상하지 못했던 일들이 실현되며 하나의 전설처럼 자리 잡았다. ○○고등학교 기도 모임은 교회 안에서 선한 능력을 끼치는 영적 줄기가 되었고, 점점 다른 학교들까지 깊은 영향을 끼치며 계속 뻗어 나갔다.

그리고 바로 그해, ○○고등학교가 학업 성적에서도 놀라운 성과를 거두었다. 특히 기도 모임의 주축을 이루었던 친구들이 서울대학교를 비롯한 주요 명문대학에 대거 입학했고, 3학년 전체 학생 중 50%가 이른바 '인 서울'(In Seoul)에 성공했다.

이 실적으로 ○○고등학교는 대통령상까지 받았다. 이전까지는 군산 시내에서도 크게 주목받지 못하는 평범한 학교였는데, 이처럼 기적 같은 성적을 거두면서 위상이 완전히 달라졌다.

결코 좋은 성적을 위해서도, 인생의 성공을 위해서도 기도하지 않았지만, 하나님은 '먼저 그의 나라와 그의 의'를 구한 아이들에게 '이 모든 것'을 보너스로 주신 것이다. 마태복음 6장 33절 말씀은 ○○고등학교에서 이렇게 성취되었다.

아이들의 기도가 하늘에 닿았다. 하지만 이것이 끝이 아니다. 나는 이들의 기도가 한국 교회와 우리의 조국을 새롭게 하는 엄청난 능력으로 자라날 것을, 더 커다란 응답으로 돌아올 것을 확신한다.

# 04

# 스쿨처치는 인생의 표지판

### 하나님 나라를 위한 공부

스쿨처치 사역 초창기의 일이다. 고등학교 3학년이던 명진이는 수련회 때 은혜를 받고 기어코 자기 학교에 스쿨처치를 세웠다. 평소에 뛰어난 리더십을 소유한 명진이는 친구들을 모아 놓고 저녁마다 함께 기도 모임을 했다. 매일 뜨겁게 기도했던 기도의 사람, 명진이가 하루는 나를 찾아왔다.

"목사님, 저는 기도하고, 말씀 보고, 전도하는 게 제일 좋아요. 그래서 신학을 전공하고 싶어요."

순간 하늘이 노래지는 듯했다. 그 이유는 명진이가 공부를 매우 잘했기 때문이다. 자율형 사립 고등학교에서 전교 1-2등을 늘 유지했고, 장래 희망이 대통령이었으며, 집안에서 가장 뛰어난 수재로 그를 바라보는 식구들의 기대치가 매우 큰 상황이었다. 이때 나는 명진이에게 "목회자로서의 뜻이 있다면 더 기도해 보고 확실히 응답받으면 그때 준비하도록 하자"라고 답변을 주었다.

명진이는 본래 서울에 있는 명문대학교 진학을 목표로 매우 열심히 공부했던 학생이었다. 그런데 스쿨처치를 통해서 기도하면 할수록 세상 공부가 아닌 하나님 나라를 위한 공부를 하라는 응답을 받은 것이다. 그리고 정점은 수련회였다.

수련회가 끝난 다음에 명진이는 아버지께 "아버지, 저 목회자가 되고 싶고, 총신대학교 신학과로 진로를 정했습니다"라고 말씀드렸다. 그 말을 들은 아버지는 크게 화를 내면서 절대 안 된다고 하셨다. 혹시 나중에 신학 공부를 하더라도 대학은 무조건 서울에 있는 명문 대학교를 가야 한다는 것이었다. 하지만 명진이는 기도할수록 마음이 더 확고해져서 부모님과 계속 불편한 감정으로 지냈다.

그래도 부모님의 강요로 수시 원서를 쓰고 수능을 보았는데, 마지막에 하나님이 크게 역사하셨다. 수능을 못 봐도 너무 못 봐서 부모님이 그토록 원하셨던 서울 최고의 명문대학교는 최저 등급을 맞추지 못한 것이다. 오히려 명진이는 기뻐했다. 그리고 결국에 부모님의 의지를 꺾고 총신대학교 신학과에 입학했다.

스쿨처치를 통해서 확실한 소명을 가지고 입학한 학교였기에 입학 후 정말 열심히 공부하고 재미있는 학교생활을 했다. 군목 후보생이 되어서 학부와 신학대학원의 학비를 내지 않고 다녔고, 수석으로 졸업했다. 이제는 벌써 목사 안수를 받고 군목 임관을 기다리고 있다.

비록 10대 때 한 기도이지만 학교에서 간절히 기도했을 때 하나님은 명진이를 주의 길로 인도해 주셨고, 나는 그 인도하심이 꽃을 피우는 모습을 보았다.

### 일진 여학생들의 기도 모임

여름수련회와 겨울수련회 저녁 기도회 시간에 꼭 스쿨처치 결단식을 한다. 학생들이 대부분의 시간을 보내는 학교에서 하나님께 기도하는 모습을 보이는 것이 소금과 빛으로 사는 길이라고 하면서 결단을 촉구한다.

수련회에 참가하는 학생들 가운데 이른바 노는 '일진'들도 있다. 그런데 일진은 남자보다 여자가 더 무섭다. 한번은 수련회에 중학교 3학년 여학생 일진들이 여럿 참석했는데, 은혜를 엄청나게 받았다. 그러면서 학교에서 열심히 기도하기로 결심했다.

그들은 평소에 워낙 사고를 많이 쳐서 상담실을 안방 드나들듯이 다녔던 터라 상담 선생님과 가장 친했다. 그래서 상담실을 빌려서 점심시간마다 기도하기 시작했다. 당연히 일반 학생들은 감히 올 수 없는 무서운 기도 모임이었다. 그냥 몇 번 모이다 말겠지 했는데, 이 학생들의 기도 모임은 졸업할 때까지 지속되었다.

일진의 구조가 어떻게 되는가? 본인들은 학교에서 힘을 행사하고 그 힘을 과시하면서 다니지만, 그로 인해 피해자가 발생하는 구조가 아닌가? 그때 그들은 기도하면서 다시는 나쁜 짓을 하지 않겠다며 회개를 했다고 한다. 그 후로 일진이었던 학생들은 다른 친구들을 괴롭히지 않는 순한 아이들로 변했다.

그러나 주홍글씨는 무섭다. 한 번 일진은 영원한 일진이 된다. 고등학생이 되어도 일진의 이미지를 벗지 못한다. 중학교 때 순한 친구들을 괴롭히면서 멀어진 관계를 고등학교에 가서 다시 회복하기란 매우 어렵다. 더는 일진의 행동을 하지 않고 살아가지만 가해 학생은 계속 가해 학생으로, 피해 학생은 계속 피해 학생으로 남는다.

이 친구를 얼마 전에 서울에서 만났다. 실로 수년 만의 만남이었다. 완전히 달라져 있었다. 예전에 거칠었던 모습이 하나도 없었다. 자기 비전을 좇아서 열심히 살고 있었고, 특히 독서광이 되어서 인문학에 상당한 조예까지 생겼다. 함께 식사하는데 이러한 이야기를 꺼냈다.

"목사님, 제가 예전에 괴롭혔던 친구 있잖아요? 나중에 회개하고, 후회도 많이 하고, 그 친구한테 미안한 마음이 정말 많이 들었어요. 그래서 용기를 내서 그 친구에게 전화를 걸고 미안하다고 말했더니, 그 친구가 아무렇지도 않게 괜찮다고 말하더라고요. 목사님, 이러면 다 된 것인가요?"

나는 이렇게 대답했다.

"아니, 걔가 정말로 괜찮을까? 너 같으면 그런 상처가 하루아침에 사라질 것 같니? 아직도 네가 부담스러우니까, 마주치기 싫어서 그렇게 말한 것일 수도 있어. 다음에 꼭 정식으로 사과해."

이 말을 듣자 일진이었던 학생은 자신이 괴롭혔던 친구를 만나서 꼭 정식으로 사과하겠다고 했다.

스쿨처치의 위력은 참 대단하다. 일진도 기도하게 만들고, 회개하게 한다. 어른들에게 이러한 일이 감히 일어날 수 있다고 상상이나 되는가? 청소년이니까 가능하다. 스쿨처치니까 가능하다.

### 비전을 인도하는 스쿨처치

드림교회의 전통상 고등학교 3학년들이 기도를 가장 많이 했다. 대학 입시가 코앞에 있으니까 기도하지 말라고 해도 기도를 했다. 그런데 기도의 방향이 자기 진로에 철저히 맞춰져 있는 경우가 많았다. 하루는 고등학교 3학년 학생들 중 스쿨처치를 하는 친구들을 앉혀 놓고 이런 이야기를 나눴다.

"너희가 기도한다고 무조건 좋은 대학교에 가는 것은 아니다. 기도해도 대학 입시에 떨어질 수 있고, 재수하게 될 수도 있다. 기도의 목적이 좋은 대학을 가기 위함이 되어서는 안 된다. 기도는 내 뜻이 아닌, 아버지의 뜻을 이루기 위해 하는 것이다."

고등학교 3학년 학생들이 매일 기도를 하기에 이러한 나눔이 가능했다. 그 후로 시간이 흘렀다. 수시 1차 발표가 났다. 그날 아이들이 모두 교회에 왔는데 완전히 울음바다가 되었다. 함께 기도한 학생들 대부분이 대학에 떨어진 것이다. 말 그대로 초상집이었다. 아이들을 진정시키고 다시 이야기했다.

"내가 분명히 말했잖니. 기도 많이 한다고 다 좋은 대학교에 가는 것이 아니라고. 너희들의 기도 목적은 대학교 합격이 아니라 하나님 아버지의 뜻을 이루는 것이 되어야 해."

그날 내가 한 말이 아이들의 귀에 들어갔는지, 안 들어갔는지는 모르겠지만 목사로서 정확한 말을 해야 하니까 해줬다. 여름에서 가을로 넘어갈 때쯤 한 학생이 찾아왔다.

"목사님, 저 원래 희망 진로가 간호사였는데요. 기도하면서 생각해 보니까 이게 제 적성에 맞는지도 모르겠고, 그냥 엄마의 강요로 진로를 결정했던 것 같아요. 무엇보다 제가 간호사가 되는 것을 하나님이 기뻐하실지 모르겠어요. 그래서 기도하고 있어요."

그래서 나는 이렇게 대답했다.

"그래, 기도해 보자. 주님이 선하게 인도하시고 지혜를 주실 거야."

시간이 흐른 뒤에 그 학생이 다시 찾아왔다.

"목사님, 계속 기도하는데 솔직히 간호사가 될 자신이 없어요. 저 그냥 보건행정학과에 가고 싶어요. 그게 맞는 것 같아요."

그래서 나는 계속 기도하면서 하나님의 뜻을 구하라고 말해 주었다. 그리고 그 학생은 3학년 중반에 갑자기 희망 진로를 보건행정학과로 바꿨다. 그리고 원하는 대학교에 합격했다. 나중에 만나 보니, 그 전공이 자신에게 너무도 잘 맞는 것 같다고 했다. 지금도 대학교에 잘 다니고 있고, 주말이면 교회에 와서 봉사도 열심히 하고 있다.

스쿨처치는 아이들의 비전을 정확히 인도하는 역할을 한다. 그냥 부모에 의해서 짜인 각본으로 살게 하지 않고, 하나님의 뜻을 구하는 귀한 시간을 갖게 한다.

### 우울에서 밝음으로

스쿨처치 운동을 하다 보면 과거에는 모임이 잘 진행되었던 학교가 후에는 제대로 진행되지 않는 경우가 발생한다. 스쿨처치 모임을 잘 이어 가던 학생들이 후배들을 사역자로 잘 세우지 못하면 학교에 기도 모임이 존속되기가 어렵다.

ㅇㅇ고등학교의 경우 과거에 스쿨처치 모임에 참여하던 인원이 꽤 많았다. 내가 설교를 하기 위해 학교를 방문하는 날이면 교실에 발 디딜 틈이 없을 정도로 학생들이 많이 모였다. 그러나 리더십 있는 학생들이 졸업하면서 기도 모임 횟수가 줄어들기 시작하더니, 나중에는 거의 존속이 어려울 만큼 모이는 학생 수가 적어졌다. 그 모습을 보면서 앞으로 이 기도 모임은 유지하기가 어려울 수 있겠다고 생각했다.

그런데 생각지도 못한 한 학생이 스쿨처치 기도 모임을 이끌게 되었다. 이 학생은 일찍감치 부모님이 이혼해서 어머니와 사는데 얼굴에 그늘이 많이 져 있었다. 학교에서도 친구가 많지 않고 교회에서도 친구가 별로 없었다. 늘 삶이 우울한 친구였다. 그런데 이 학생이 학교에서 기도 모임을 인도하게 된 것이다. 너무 뜻밖이었다.

역시나 학교에서 인지도가 없고 늘 외톨이다 보니 많은 학생이 기도 모임에 오지는 않았다. 그래도 이 학생은 졸업할 때까지 꾸준히 성실하게 기도 모임을 인도했다. 더 나아가서 교회에서 다른 학생들과 함께 중보 기도 운동도 했다.

어느 순간 보니까 그렇게 힘이 없어 보이고 어깨가 축 처져 있었던 이 학생의 얼굴에 생기가 넘쳤고, 그의 주변에는 늘 많은 학생이 함께 하고 있었다. 완전히 기도의 마니아가 되어서 교회에서 진행하는 모든 성인 대상 기도 모임에도 참석하고 있었다. 나중에 학교에서 기도 모임을 하는 모습을 지켜봤더니, 이제는 담대히 말씀 선포까지 하고 있었다.

  가정에서 우울하고, 학교에서 우울하고, 교회에서 우울했던 친구가 스쿨처치 운동을 통해서 아주 밝아진 것이다. 그리고 지금도 늘 영적으로 깨어 있고 군대에서 기도의 여정을 이어 가고 있다.

## 학교 사역자의 시그니처

누군가의 신분을 파악하기 위해서는 그 사람의 옷차림이나 명찰 같은 것을 유심히 살피게 된다. 학교에서도 마찬가지다. 특히 학교 같은 곳에서는 상대방이 들고 있는 물건만 보아도 그가 어떤 사람인지 금방 눈치챌 수 있다. 가방을 메고 있으면 당연히 학생, 지시봉을 들고 있다면 교사, 품에 서류철을 안고 있다면 행정 직원이다.

스쿨처치 사역에 나서는 길, 내 손에도 일종의 시그니처(signature) 역할을 하는 물건 하나가 들린다. 바로 커다란 스케치북이다. 내가 학교에 방문하는 모습을 한두 번이라도 본 학생들은 멀리서 이 스케치북만 보고도 내가 도착했다는 사실을 알아차린다. 그런데 미술 교사도 아닌 사역자에게 왜 스케치북이 필요할까?

학교 방문이 있는 날 약속된 장소에 가면 스쿨처치를 담당하는 학교 대표가 기다리고 있다. 가볍게 인사를 주고받은 후 다른 아이들을 기다리기 시작한다. 드림교회 학생들은 각자 자기 친구들을 이끌고 오는데, 보통 미리 약속한 친구들과 동행하지만, 주변에서 어슬렁거리며 방황하는 친구들을 즉석에서 데려오기도 한다. 싫다는 친구를 억지로 데려오게 하지는 않는다.

아이들이 모이면 드디어 스케치북의 활약이 시작된다. 스케치북은 학교에서 아이들에게 메시지를 전달할 때 필요한 핵심 도구다. 칠판이나 다른 장비를 사용하는 방법도 있지만 집중력과 전달력에 있어서 가장 효과적인 도구가 스케치북이라는 사실을 깨달은 후부터 즐겨 사용하고 있다.

메시지 전달에는 대략 5분 정도의 시간이 걸린다. 전하는 메시지는 학기마다 달라진다. 같은 학기에는 한 가지 주제로 학교들을 순회하는데, 주로 성공, 행복, 사랑 등 학생들이 좋아하고 관심을 가질 만한 이야깃거리들을 주제로 삼는다.

주어진 시간이 얼마 되지 않기에 누가 들어도 재미있는 메시지를 전해야 한다. 스케치북 맨 첫 장에 요즘 인기 있는 연예인 사진을 붙여 이야기를 시작하는 것도 이와 같은 이유 때문이다. 아이들을 본론으로 깊숙이 끌어들이기 위해 사용하는 일종의 마중물이다. 스케치북의 크기는 8절지로 정해 두고 사용한다. 8절지 크기면 한 번에 최대 200명까지 보여 줄 수 있을 정도의 큰 그림을 실을 수 있다.

서론을 마치면 서서히 복음적인 내용에 접근하고, 마지막에 예수 그리스도의 이야기와 성경 말씀으로 결론을 내린다. 대놓고 "예수 천당, 불신 지옥"처럼 자극적인 메시지는 외치지 않는다. 예수님을 믿지 않는 아이들이 듣고 거부감을 느끼지 않고, 오히려 호기심을 가질 만한 수준으로 전체적인 이야기를 구성한다.

한번은 어느 학교에서 점심시간을 이용해 운동장 한쪽에 아이들을 모아 놓고 스케치북으로 메시지를 전달하고 있었다. 그런데 그 학교 체육 선생님이 쓰레기를 줍는 척하면서 우리 쪽으로 자꾸 다가오셨다. 모여서 무슨 이야기를 하는지 알아보려고 하시는 것 같아 신경이 쓰였다. 그런데 곁에 서서 스케치북 메시지를 한참 들으시던 선생님은 내가 전하는 이야기가 학생들에게 유익하고 재미있는 내용인 것을 확인하고는 안심하고 그냥 돌아가셨다.

메시지 전달이 끝나면 아이들을 축복하며 기도하는 시간을 잠시 갖고, 전도팀이 준비해 준 간식을 하나씩 나누어 준 뒤 헤어진다. 다른 순서는 없다. 여유를 가질 시간도 없다. 모든 순서가 순식간에 진행된다. 거의 '치고 빠지기'나 다름없는 속도다.

그런데 이 찰나에 많은 일이 일어난다. 짧은 시간이지만 복음이 전파된다. 그리고 기독교에 대한 이미지가 아이들에게 크게 바뀐다. '교회'니 '목사'니 하는 단어들은 지루하고 재미없다고 생각했던 아이들도 학교 심방을 통해 그야말로 인식의 대전환을 맞는다. 나아가 이렇게 이루어진 학생들과 첫 만남이 교회 출석으로 종종 이어진다.

어떤 분들은 아이들과 만나는 황금 같은 기회에 『사영리』나 전도폭발 같은 방식으로 순수한 복음 자체를 전달해야 하는 것이 아니냐고 의문을 제기할 수도 있다. 물론 그런 방법도 가능하다. 그러나 나는 요즘 아이들의 성향이나 스쿨처치 사역의 특성을 고려할 때 '관계 전도' 방식이 더 효율적이라고 생각한다.

그 자리에서 사역자가 열변을 토하며 복음을 증거하고, 그래서 일시적으로 분위기에 이끌려 주님을 영접하겠다고 서약하는 학생이 나타났다고 하자. 하지만 그 자리에 함께한 학생들과 친밀한 신뢰 관계가 형성되어 있지 않다면 이 학생이 교회까지 나와서 신앙생활을 이어 갈 확률은 높지 않다.

학교 방문의 목표는 어떤 학생의 전화번호를 받아서 그를 곧바로 교회로 이끄는 데 있지 않다. 이미 교회에 나오는 학생의 또 다른 친구를 사역자가 만나서 관계를 쌓는 것이 실제적인 목표가 된다. 힘들게 학교 안까지 파고들어 가는 이유가 바로 이것이다. 많은 학생에게 복음을 설파하는 것만이 학교 전도가 아니다. 교회에 나오지 않는 친구 한 명을 만나 관계를 이루는 그 일부터 전도가 시작된다.

진정으로 학교 전도를 원하는가? 반복되는 이야기이지만 교역자든 교사든 어떤 사역자가 되었든지 학교 전도에 소망을 품었다면 일단 학교로 찾아가라. 그리고 학교 안이나 바깥이나 장소에 구애받지 말고 자신이 섬기는 교회 학생의 친구를 만나는 것으로 시작하라.

그렇다고 학교 방문에 승부를 걸려고 하지는 말라. 그 짧은 시간에 복음의 핵심을 말하고, 교회의 이미지 메이킹을 하는 것만으로도 족하다. 일단 '교회는 재미있다', '말씀도, 목사님도 좋아할 만하다'라는 느낌을 청소년들에게 각인시켰다면 충분히 성공을 거둔 것이다.

## No Pain No Gain

"고생 없이는 아무것도 얻지 못한다"(No Pain No Gain)라는 격언은 스쿨처치 사역에 딱 들어맞는 말이다. 10년째 학교 사역을 하고 있지만 온갖 어려움이 끊이지 않는다.

하긴 역사상 어느 시대에도, 어떤 지역에도 복음이 쉽게 들어간 사례가 거의 없다. 우리나라의 경우만 해도 초창기 선교사와 성도들이 얼마나 모진 박해 속에서 믿음을 지키며 교회를 세워 왔는지 넘치는 증언들이 존재한다. 전도나 선교나 시작은 늘 힘든 법이다. 하지만 그것이 가장 중요한 일이기에, 교회의 본질이고 사명이기에 우리는 복음을 전파하고 제자를 삼으라는 주님의 지상 명령을 감당한다.

학교 방문을 할 때 자주 직면하는 난감한 상황들이 몇 가지 있다. 그중 하나가 교사가 개인적으로 모임과 장소를 승인했지만 정작 학교에서 승인을 취소해 갑자기 모임에 차질이 생기는 경우다.

드림교회 근처의 ○○중학교에서 우리 교회 성도님이 음악 교사로 재직하고 계셨다. 그분이 언제든지 학교 음악실을 이용해도 좋다고 허락해 주셔서 여러 차례 학교 방문을 하고 아이들을 만나는 중이었다. 그날도 미리 약속하고 학교를 찾아갔다. 많은 학생을 초청하고, 열심히 전도도 하고, 간식도 무려 200인분이나 준비를 해갔다.

그런데 그 시간 음악실에 음악 선생님은 계시지 않고 낯선 어르신 한 분이 계셨다. 알고 보니 교감 선생님이셨다. 심각한 분위기로 말씀을 꺼내시는데, 학교 교실에서 이런 일들을 벌이는 것을 불허한다는 이야기였다. "그러면 어떻게 해야 할까요?"라고 되물었는데, 교감 선생님은 아무튼 교실에서는 모임을 할 수 없다며 요지부동이셨다.

하는 수 없이 밖으로 나갔다. 운동장에 서서 큰 소리로 "빵 먹을 사람 모여라!"라고 외쳤더니 순식간에 엄청난 수의 아이들이 몰려들었다. 아무튼 교실이 아니면 된다는 무언의 허락을 받은 셈 치고 운동장에서 모임을 강행했다. 덕분에 평소 음악실에서보다 훨씬 더 많은 학생을 만나고, 준비한 메시지까지 잘 전달하고 돌아왔다. 전화위복이 된 경우다.

학생들을 믿고 준비를 맡겼는데 아이들이 학교 측에 제대로 이야기하지 않은 바람에 문제가 발생한 적도 있다. 학생들이 음악실을 빌려 놓았다고 해서 당연히 학교 측의 허락을 받은 것이라 여기고 당일에 시간을 맞춰 방문했다. 그런데 음악 선생님은 아무 내용도 모르고 계셨고, 심지어 크리스천도 아니셨다.

천신만고 끝에 선생님을 설득해 겨우 허락을 받고 모임을 시작했다. 평소 하던 대로 스케치북을 꺼내 들어 메시지를 전하고 축복 기도를 한 후 간식을 주었다. 그때 음악 선생님이 다가오셨다. 무슨 말씀을 하실까 긴장하지 않을 수 없었다.

선생님은 "목사님, 다른 학교에서도 이렇게 하십니까?"라고 물으셨다. 그렇다고 답하니까 선생님은 "정말 귀한 일을 하시네요. 학생들에게 좋은 말씀도 들려주시고 먹을거리도 다 준비해 주시고, 고맙습니다"라고 예상치 못한 감사 인사를 하셨다. 세상에, 교회에 안 다니는 선생님으로부터 그 말을 들으니 마음이 더 뭉클했다. 걱정 속에 출발한 시간이 훈훈함으로 마무리됐다.

마지막 사례는 학생들의 믿음이 너무 신실해서 학교 측과 마찰이 생긴 경우다. 믿음의 열정이 넘치는 학생 하나가 있었다. 이 학생은 학교로부터 아무런 허락도 받지 않은 상태에서 교내 공공 게시판과 자기 반 교실 바깥문에 커다란 게시물을 달았다. "내일 우리 교회 목사님이 학교에 오시니까 시청각실로 모여라"라는 내용이었다.

당연히 학교에서는 소동이 났다. 화가 나신 교감 선생님은 나에게 전화를 해서 학교 방문을 불허한다고 통보하셨다. 나도 상심했지만, 문제의 장본인인 학생은 아주 코를 빠뜨릴 정도로 침통해 했다. 그런데 이튿날 교감 선생님으로부터 다시 전화가 왔다.

"어제는 제가 목사님께 결례를 범했습니다. 예정대로 학교로 오셔도 됩니다. 아니, 꼭 와 주십시오!"

알고 보니 그 학교의 교장 선생님은 믿음이 좋은 장로님이셨다. 무단 게시물로 일어난 해프닝의 내막을 자세히 전해 들으시고, 교감 선생님을 설득해 상황을 잘 무마시키신 모양이었다. 교장 선생님 덕분에 교감 선생님으로부터 박대는커녕 오히려 환대를 받으며 학교 방문을 할 수 있었다.

이런 일들 말고도 현장에서 예상하지 못한 어려움이 발생한다. 하지만 그때마다 하나님의 은혜로 무사히 고비를 넘길 수 있었다. 앞선 사례들처럼 우리의 인도자이신 하나님은 사람의 마음을 움직여 상황을 바꾸어 주기도 하시고, 순간적인 지혜로 임기응변을 발휘해 피할 길을 찾도록 도와주기도 하신다.

따라서 우리는 망설이거나 겁낼 필요가 없다. 설사 최악의 상황이라 할 수 있는, 학교에서 추방 조치를 당하는 상황에 직면하더라도 두려워하지 말아야 한다. 하나님이 그 모든 상황을 뛰어넘을 힘을 공급해 주신다. 또한 최선을 다한 결과는 하나님이 책임져 주신다. 막히면 부딪치고 돌파할 용기를 가져라. 언제까지나 '젠틀맨'처럼 몸을 사리고 스스로 무너지는 것은 곤란하다.

"의를 위하여 박해를 받은 자는 복이 있나니 천국이 그들의 것임이라"(마 5:10).

이 말씀을 기억하자. 영적인 싸움에 우리를 부르신 분은 하나님이시다. 힘과 방패 되시는 하나님으로 인하여 우리는 이 전투에서 넉넉히 이길 수 있다.

# 07

## 학교에 가야 할 분명한 이유

나에게는 학교에 가야 할 분명한 이유, 달리 말하면 목표가 존재했다. 누구라도 스쿨처치 사역을 위해 학교를 찾아갈 때는 먼저 그 목표를 분명히 해야 한다. 달성하고자 하는 목표를 명확히 세우고 사역에 임해야만 다른 길로 빠지는 잘못을 막을 수 있기 때문이다. 목표는 온갖 장애를 넘어서 끝까지 사역에 충실하도록 이끄는 동기를 부여한다. 내가 학교를 찾아가는 이유는 일단 다음 5가지로 정리할 수 있다.

첫째, 우리 교회 학생들을 격려하고 사랑해 주기 위해서다. 식구들도 해외여행이나 가족 수련회 등을 통해 새롭고 낯선 공간에서 함께 지내며 주어진 과제들을 해결하다 보면 이전에 느껴 보지 못했던 동질감과 새록새록 솟아나는 가족애를 경험하게 된다. 마찬가지로 교회에서의 만남에만 익숙했던 아이들을 학교에서 만나면 사역자와 학생들의 관계가 완전히 달라진다.

학생들에게 자신의 학교는 일종의 홈그라운드다. 그렇기에 학생들은 주변 사람을 자신의 학교에서 만나는 일을 통해 감정적 상승을 크게 느낀다. 기분이 아주 좋아진다. 교회의 담임목사나 교사가 자신의 학교에 찾아오는 경우도 그렇다.

둘째, 만남이 단절된 학생들과 다시 접촉할 수 있다. 교회에 열심히 나오던 아이들도 교회 안에서 마음 상하는 일을 겪거나 신앙생활에 흥미를 잃으면 한순간에 발길을 끊어 버린다. 단지 눈앞에서 사라지는 것으로 그치지 않는다. 완전히 연락이 끊어진다. 전화를 걸어도, 문자를 보내도 응답이 오지 않는다. 아이들의 요샛말로 표현하자면 그냥 '씹는다'. 도저히 만날 길이 없다.

하지만 학교에 가면 이 아이들과 만날 수 있다. 그리고 다시 교회로 인도할 기회를 얻는다. 낙심한 아이들을 되찾을 가능성이 생기는 것만으로도 스쿨처치 사역은 당위성 하나를 더 갖는다.

셋째, 교회에 오고 싶지만 누가 끌어 주지 않아서 오지 못하는 학생들을 만나게 된다. 오늘날 누구에게라도 복음을 전해 본 적이 있는 크리스천이라면 전도하기 어려운 세상이라는 사실을 뼈저리게 느낄 것이다. 아파트 초인종을 누르며 방문하는 일도, 길가에서 사람들에게 전도지 한 장 내미는 일도 쉽지 않다. 사람들은 경계심을 노골적으로 드러내며 거부한다. 심지어 이단으로 오해받는 일까지 발생한다.

하지만 학교에서라면 이야기가 다르다. 학교라는 공간은 학생들이 긴장을 낮추고 누군가의 이야기에 진지하게 귀 기울일 수 있는 환경을 만들어 준다. 그래서 스쿨처치에 헌신한 이들은 사역하면서 '전도하는 일이 생각보다 어렵지 않다'라는 사실을 깨닫게 된다. 이런 경험들이 쌓이면 사역자들은 구령에 대한 열정과 자신감이 더욱 커진다.

넷째, 학교에 가면 학생들의 현실을 생생히 알게 된다. 아이들이 어떤 환경에서 공부하고 생활하는지 제대로 이해할 수 있다. 그들의 언어, 문화 등 많은 것에 더 깊이, 쉽게 접근할 수 있게 된다. 이는 청소년 사역에 소중한 자산이 된다. 특히 설교에서 아이들과 공감대를 이루며 소통하는 데 큰 도움이 된다고 자신 있게 말할 수 있다.

다섯째, 청소년 사역의 마인드가 확장된다. 학교에서 아이들을 만날 때마다 사역자로서 정체성이 점점 강화되는 것을 체험한다. 복음을 위한 온갖 도전을 하며 그리스도의 동역자라는 자부심도 느낀다. 그리고 아이들을 위해 무엇을 해야 하는지, 그 일을 어떻게 할 수 있는지에 대한 해답을 찾게 된다. 그야말로 총체적으로 청소년 사역을 이해할 수 있는 안목을 선물 받는다.

스쿨처치 사역에는 이토록 한없는 은혜와 넘치는 소망이 있다. 현장에 나서 보지 않으면 도저히 알 수 없는 유익들이다. 이쯤이면 학교에 가지 않을 이유가 전혀 없지 않은가. 도리어 어떤 불편과 난관을 감수하고서라도 반드시 학교로 찾아가야 하지 않겠는가.

# 08

## 믿음이 세상을 이긴다

스쿨처치 사역을 하면서 '믿음이 이긴다'는 것을 보았다. 아무리 높은 산과 험한 강이 사역을 가로막더라도 주 예수님을 향한 믿음 앞에서는 전혀 장애가 되지 않는다는 사실을 아이들을 통해서 확인할 수 있었다. 아이들은 어른들이 생각하는 것보다 훨씬 강하다. 아이들을 온실 속 화초처럼 키운 어른들만 아이들의 능력을 얕볼 뿐이다.

우리는 다음 세대가 어렸을 때부터 영적인 전쟁을 피하지 않도록, 싸워서 이기는 법을 터득할 수 있도록 가르칠 필요가 있다. 오늘날 한국 교회가 지닌 가장 큰 약점 중 하나는 핍박을 겪지 않는다는 것이다.

고난과 역경을 경험하지 못한 채 너무도 편하게 신앙생활을 하다 보니 어른들은 물론 아이들의 영적인 상태가 심각하게 쇠약해지고 말았다. 편한 것만 따라가다 보면 생명력이 약해지는 것은 물리적인 세계와 영적인 세계에 모두 적용되는 만고불변의 법칙이다.

만약 우리의 아이들이 자기가 살아가는 세계에서, 특히 학교에서 예수님을 믿는다는 것 때문에 핍박당하는 경험, 모욕당하는 경험을 갖게 된다면 어떻게 될까? 당장은 고통스러울지 몰라도 결국에는 평생 튼튼한 신앙의 거목으로 자라도록 북돋워 주는 훌륭한 밑거름을 얻게 될 것이다.

드림교회 청소년부의 분포를 보면 부모와 같이 교회에 나오는 학생들이 25%, 부모가 다른 교회를 다니는 학생들이 25%, 그리고 부모가 비신자인 아이들이 나머지를 차지한다. 다들 짐작하겠지만 대부분 학교 방문과 스쿨처치 사역을 통해서 세워진 아이들이다. 나는 사역자로서 교회 안에 비신자 가정 아이들이 많아져야 한다고 생각한다.

비신자 가정 아이들의 비율이 높다는 사실은 그만큼 전도를 열심히 했다는 증거가 된다. 그뿐만 아니라 이 아이들은 처절한 영적 싸움을 치르면서 본인은 물론 다른 친구들의 신앙까지 함께 성장 시켜 준다. 신앙 성장의 자양분이 공동체 안에 넘쳐난다는 의미가 된다.

"엄마가 교회에 못 가게 하십니다. 어떻게 해야 할까요?"

"부모님이 수련회를 안 보내 주십니다. 기도해 주세요."

이런 기도 제목을 적어 내는 아이들이 매주 나타난다. 그리고 마침내 이 싸움을 이겨 내고 살아 있는 신앙을 품게 된 아이들이 학교를 졸업한 후에 교사가 되고, 신학생이 된다. 서울, 대전, 광주, 대구 등으로 각기 흩어져 살다가 주일이면 매주 군산으로 돌아와 열심히 후배들을 섬기는 모습을 보여 주기도 한다.

어른들은 아이들이 공부할 때를 놓치면 어떻게 하냐며 걱정한다. 신앙생활은 대학 간 후에도 얼마든지 열심히 할 수 있는 것 아니냐며, 너무 아이들을 내몰지 말라고 항변하기도 한다. 과연 진짜 아이들을 그 릇된 신앙관으로 내모는 것은 어느 쪽일까? 아이들이 믿음 안에서 학창 시절에 만나는 난관들을 훌륭하게 극복할 수 있다면 그 경험이 인생에 더 큰 유익이 되지 않을까?

고교 시절 자신이 다니는 학교에서 매일 점심과 저녁 시간에 친구와 둘이서 기도를 쉬지 않고 하던 학생이 있었다. 이 학생은 자신이 다니고 있는 학교를 위해서도 열심히 기도했지만 앞으로 자신이 진학하려는 대학을 미리 정해 놓고, 그곳에서 하나님 나라가 이루어지길 기도했다. 그리고 자신이 그곳에서 영적 영향력을 발휘하는 인물로 성장할 수 있기를 간절히 소망했다.

그런데 막상 입시를 치르는 과정에서 자신이 그토록 가고 싶었던 대학교의 면접일이 하필 주일인 것을 알게 됐다. 학생은 몹시 아쉬워했지만 3년간 준비하고 기도했던 그 학교에 진학하기를 포기했다. 포기하는 학생을 보는 담임 교사와 부모의 마음이 어땠을까.

엎친 데 덮친 격으로 다른 학교 입시에도 줄줄이 낙방하고 말았다. 본인의 실망감이야 말할 것도 없었겠지만, 항상 눈여겨보며 응원했던 학생에게 일어난 아쉬운 결과를 지켜보는 사역자의 마음도 참담했다.

하지만 이것이 끝이 아니었다. 마지막으로 합격 발표를 남겨둔 학교가 한 군데 있었다. 국내 대학 중 최상위 랭킹의 학교였고, 이 학생도 그냥 상향 지원으로 본인의 꿈을 담아 지원한 학과라 사실상 전혀 합격을 기대하지 않았다. 그런데 이 학교로부터 덜컥 합격 통보가 온 것이다. 담임 교사나 부모조차 예상하지 못한 일이 벌어지고 말았다.

극적인 사례가 아니냐고 말하는 사람도 있겠지만, 스쿨처치 사역에 동역한 학생들 사이에서 이와 비슷한 스토리는 얼마든지 찾아낼 수 있다. 관건은 '좋은 대학에 진학했다'라는 결과에 있지 않다. 아이들이 믿음으로 승리하는 경험을 통해 세상이 감당치 못할 하나님의 사람들로 성장한다는 데 있다. 이런 힘이 학교를 살리고, 교회를 세우며, 가정을 영적 가문으로 일으킨다.

## 나에게 스쿨처치란 '믿음의 나침반'이다

**— 김경건 (군산○○중학교 스쿨처치 예배자)**

우리 학교 기도 모임은 일주일 내내 합니다. 월, 화, 목, 금, 이렇게 나흘은 요일마다 지정된 친구가 미리 준비해 오고, 그 친구가 인도하는 대로 함께 기도하는 시간을 갖습니다. 그리고 수요일에는 큐티나 다른 나눔 소재를 가지고 서로 교제하는 시간을 가집니다.

학교 심방이 있거나 교회 청소년부에 봄·가을 전도 축제가 열릴 때면 금식 기도를 하며 다 같이 행사를 준비하기도 합니다. 교내 탁구실에서 모임을 하는데, 적게 모일 때는 5-6명, 많이 모일 때는 10명 정도가 참석합니다.

올해 학교 심방에는 정말 많은 친구가 모였습니다. 보통 우리 학교 심방에는 미리 준비한 간식이 조금 남거나 부족할 정도로 늘 많은 친구가 왔는데, 재작년에 딱 한 차례 간식이 많이 남은 적이 있습니다.

그래서 작년부터 다시 학교 심방을 앞두고 금식하며 기도를 했는데, 구하면 주시겠다고 약속하신 하나님이 정말로 우리의 기도에 응답해 주셨습니다. 학교 심방이 다시 풍성한 잔치가 되게 하셨습니다. 꼭 금식하며 기도하지는 않더라도 자신의 학교에서 간절한 마음으로 드린 기도가 크게 응답받는 결과가 있었으면 좋겠습니다.

이제 저는 학교를 졸업하고 후배들이 기도 모임을 이끌게 될 텐데요, 이 친구들도 잘 해낼 수 있기를 기도해 주시기 바랍니다. 걱정되는 것은 전보다 기도 모임 참석 인원이 많이 감소했다는 점입니다. 다른 학교도 비슷한 사정이겠지만, ○○중학교는 누구보다 열심히 모여서 기도한 학교였던지라 상황이 더 심각하게 느껴집니다. 기도를 꼭 해주시길 다시 한 번 부탁드립니다.

우리가 기도 모임을 강조하는 이유는 누구나 알다시피 기도가 바로 학교를 살리는 일이기 때문입니다. 사실 학교에서 기도하는 일이 쉽지 않습니다. 저도 처음에는 기도 모임에 참석할 때마다 친구들의 눈치가 보였습니다. 점심시간마다 대체 어디에 가냐고 친구들이 물을 때마다 대답하기가 솔직히 곤란했습니다.

하지만 이제는 제가 굳이 말하지 않아도 우리 반 친구들 대부분은 점심시간마다 제가 어디에 있는지 잘 압니다. 어쩌다 저와 같이 이야기하거나 놀던 친구들도 시간이 되면 제게 기도 모임 갈 때가 되지 않았냐고 물어보는 정도가 되었습니다.

모두 저처럼 기도 모임에 자연스러워지고 당당해지기를 바랍니다. 기도 모임에 열심히 참석해 하나님을 한 번 더 생각하는 시간, 우리의 학교를 살리는 시간을 가지시길 바랍니다. 감사합니다.

# Part 2

## 거리와 시간에 상관없이 기꺼이 달려갑니다

SCHOOL CHURCH

> 그러니 한 사람이 중요하다.
> 주님이 찾으시는 단 한 사람,
> 그 예배자가
> 바로 우리 자신일 수도,
> 우리 아이들일 수도 있다.

**나도움 목사의
스쿨처치 스토리**

SCHOOL CHURCH

# 01

## 제발 그들과 연결되게 해주세요!

뜨거운 여름이 지나면 10대들에게 연락이 오기 시작한다.

"안녕하세요, 목사님! 저는 의정부에 사는 중학생 경조라고 하는데요, 이번 수련회 말씀을 통해서 많은 것을 느끼고 왔어요. 저도 앞으로 학교에 교회를 세워 보고 싶습니다!"

"와! 응원할게, 경조야."

"감사합니다! 꼭 성공해서 학교에서도 크리스천으로 살아갈게요."

"그래, 힘든 일 있으면 언제든 연락하렴."

몇 주가 지나고 경조에게 다시 연락이 왔다.

"목사님, 드디어 시작했어요. 그냥 꿈만 같고, 하나님께 진짜 감사해요. 스쿨처치, 도전해 보겠다고 말씀은 드렸지만 사실 못 할 줄 알았거든요."

경조는 학교 선생님의 도움으로 스쿨처치 동아리를 만들었고, 다음 주부터 매주 수요일 점심시간에 기도 모임을 열기로 했다고 알려 줬다. 그리고 벌써 13명의 친구와 마음을 모았다고 했다. 축하하지 않을 수 없었다.

"진짜 은혜지?"

"네, 정말요! 저희 정말 열심히 해볼 거예요."

SNS도 바빠진다. 이런 메시지가 계속 들어온다.

"저는 천안에 사는 고등학생 석진인데요, 이번 여름방학 때 수련회에서 목사님 설교를 통해 스쿨처치를 알게 됐습니다. 그런데 감사하게도 개학하고 뜻을 같이할 친구들이 약 10명 정도가 모여서 기독교 동아리를 만들 수 있었어요! 저희 모두 스쿨처치나 기독교 동아리 활동이 처음이라 어떻게 해야 할지 너무 어려운데, 혹시 목사님께 도움을 받을 수 있을까요?"

"당연하지! 연락 잘했어. 내가 최선을 다해 도울게."

"정말 감사드려요!"

또 다른 중학생 기풍이도 메시지를 보내왔다.

"저도 학교에 스쿨처치를 세우려고요!"

"와! 중학생이 나서서 하겠다고 결단하다니, 참 귀하다. 나도 열심히 응원할게."

"아니에요, 오히려 제가 더 감사해요. 저도 이런 일을 할 수 있다고 가르쳐 주셔서 고맙습니다. 우리 학교에도 스쿨처치를 세울 수 있다는 건 생각조차 못하고 있었거든요. 그게 가능하다는 걸 목사님을 통해 알 수 있었어요."

자신의 학교에서 스쿨처치 사역을 할 수 있다는 사실을 깨달은 아이들의 감사 인사가 반갑다. 아이들에게 도전을 불러일으키는 통로가 될 수 있다니 정말 감사한 일이다.

나는 전국 학교를 돌아다니면서 스쿨처치 순회 사역을 하고 있다. 스쿨처치를 세우고 예배드리는 학생들이 예배 인도를 부탁하면 어디든 달려간다. 그리고 청소년들이 많이 활용하는 SNS를 통해 스쿨처치를 알리고 있다. 학생들이 학교에서도 크리스천으로 살아가기를 바라는 간절한 소망을 담은 사역의 한 방법이다. 이런 나의 모습을 보면서 사람들은 나더러 "학교 사역자, 학교에 교회를 세워 가는 사람"이라고 말한다.

처음부터 학교 사역을 꿈꾸지는 않았다. 10대에는 열등감에 사로잡혀서 늘 나의 부족한 점만 보였고, 부끄러움이 많아 여학생 얼굴을 쳐다보기도 힘들었다. 그래서 고등학교 3학년 때까지 무엇이 되게 해달라는 기도는 하지도 않았고, 그저 성격 좀 바꾸어 달라고 기도했다.

그래도 스쿨처치 모임에는 함께했다. 아버지의 사역지를 따라 전주로 전학을 갔는데, 오래전부터 스쿨처치 문화가 뿌리를 내리고 있었다. 한 학교에는 1974년에 시작된 학교 기도 모임이 존재했다. 다른 학교의 학생들도 학교에서 예배를 드리며 신앙생활을 하고 있었다.

전주에서 학교 기도 모임 운동은 신앙을 가진 학생들에게 당연한 운동(movement)으로 보였다. '국기 게양대 기도 운동'(See you at the Pole), '학생신앙운동'(SFC), '기독학생면려회'(SCE) 등 학생들의 자발적 신앙 운동이 곳곳에 존재하고 있었다. 그들은 학교에서 기도하고 예배하는 일을 전혀 어색해하지 않았다.

한 여대생은 전국의 스쿨처치를 네트워킹하는 어려운 일도 해냈다. 당시는 사람들이 SNS를 많이 사용하던 시절이 아니었다. 지금의 SNS보다 훨씬 초보적인 단계라고 할 수 있는 한 커뮤니티가 인기를 끌던 시대였는데, 그 커뮤니티를 활용해 전국의 200개가 넘는 학교들이 소통할 수 있는 장을 만들어 주었다. 돌이켜 보니 신앙을 지키며 살아가려는 학생들의 모습을 가까이서 지켜볼 수 있었다는 것이 큰 은혜였다는 생각이 든다.

그러나 안타깝게도 학생들의 기도 모임이 점점 사라졌다. 더 이상 모임 소식이 들리지 않았고, 기도하는 후배들도 보이지 않았다. 정말 안타까웠다. 학교에서 기도 모임을 했던 추억이 떠오르면서 아쉬운 마음이 더 커졌고, 나도 모르게 이런 기도를 하고 있었다.

"하나님, 중·고등학교의 기도 모임이 어딘가에 남아 있을까요? 스쿨처치가 지금도 존재할까요? 만약 학교에서도 신앙을 지키기 위해 노력하며 기도 모임을 하고 있는 학생이 단 한 명이라도 있다면, 한 학교라도 기도 모임을 하고 있다면 그들을 꼭 만나고 싶습니다. 어떻게든 도움이 되고 싶습니다. 제발 그들과 연결되게 해주세요!"

총신대학교 신학대학원에서 공부를 하던 때였는데, 기도를 하고 난 뒤에는 도저히 '스쿨처치'라는 네 글자를 떨쳐버릴 수가 없었다. 그래서 형편에 맞게 지하철로 찾아갈 수 있는 거리에 스쿨처치 모임을 하는 학교가 있게 해달라고 계속 기도했다. 그런데 시간이 지나도 스쿨처치 모임을 하는 학교를 찾을 수 없었다. 그래서 한 학기를 더 보내면서 지경을 넓혀 기도했다.

"하나님, 기도 모임이 있는 학교라면 거리와 시간에 상관없이 기꺼이 달려가겠습니다."

그 기도를 하나님이 기뻐하셨나 보다. 가을이 되자 마침내 한 학교와 연결되었다. 경기도 포천에 있는 남녀공학 일반 고등학교였다. 스쿨처치 사역의 첫 문이 열린 것이다. 하나님이 나를 하나님 나라의 도구로 사용하신다는 사실에 뛸 듯이 기뻤다.

이 학교의 스쿨처치는 고등학교 3학년 학생들이 처음 세웠다. 그리고 불과 10명 정도의 인원이 모이는 작은 모임으로 유지되고 있었다. 처음 학생들에게 만나러 가도 괜찮겠냐고 물어보았을 때 "좋아요! 와 주시는 것만으로 감동이에요!"라는 대답을 들을 수 있었다. 학생들만 모이던 자리에 누군가가 함께해 준다는 것만으로도 기뻐하는 것 같았다. 그런 학생들의 모습을 보면서 자연스럽게 다시 기도를 했다.

"하나님, 스쿨처치를 세우고 싶습니다. 학교에서도 크리스천으로 살아가려고 발버둥 치는 학생이 단 한 명이라도 있다면 그 학생을 찾아가서 응원해 주고 같이 예배드리고 싶습니다."

## 진정한 학교예배자들

　기도 모임이 있는 학교에 처음 방문하는 날이었다. 서울특별시 강남구에서 경기도 포천시에 있는 학교까지 2시간이 넘게 걸렸다. 초행길이다 보니 한 번에 학교를 찾지 못하고 한참을 헤맸다.

　원래 10명 정도가 모이는 모임이라고 들었는데, 방문해 보니 40명이나 되는 아이들이 모임 공간을 가득 채우고 있었다. 모임을 인도하던 학생이 사역자가 방문한다고 홍보를 열심히 한 결과였다. 심지어 교회에 다니지 않는 아이들도 호기심을 가지고 참석해 있었다.

　유명하지 않은 사역자의 방문에도 학생들은 반갑게 맞아 주었고, 귀한 손님으로 대접해 주었다. 감격스러웠다. 그리고 다행히 이 만남이 한 번으로 끝나지 않았다. 매달 한 번씩 방문하면서 꾸준히 함께 예배를 드리는 학교가 되었다.

　하루는 모임을 인도하는 하은이에게 어떻게 기도 모임을 시작하게 되었는지 물어보았다. 하은이의 대답이 담긴 메일 내용을 소개한다.

"어느 날 점심을 먹고 친구들과 산책을 하고 있었는데 어디에선가 찬양 소리가 들렸어요. 학교에서 찬양 소리가 들리는 게 신기해서 소리를 따라가 보니 지하실에서 남학생 두 명이 찬양을 부르고 기도를 하고 있더라고요.

그 모습을 지켜보다가 '함께 예배해야겠다'라는 생각이 들어서 같이 산책하고 있던 친구들과 그 학생들을 찾아갔어요. 그리고 함께 예배 드리자고 말했는데, 그때 하나님이 인도해 주셨다고 생각해요.

그렇게 5명으로 시작한 예배 모임이 후에는 20명이 넘게 모이는 모임으로 커졌어요. 정말 하나님은 외모가 아니라 사람 마음의 중심을 보고 역사하시는 것 같아요. 처음 예배를 드리고 있었던 남학생들 중 한 학생은 중학교 때 당한 교통사고로 틱 장애가 있었고, 한 학생은 외모 콤플렉스로 자존감이 낮았거든요.

연약함이 있는 친구들이었지만 하나님은 그 친구들을 통해서 우리 학교에 놀라운 일들을 행하셨어요. 믿음이 있는 친구들뿐 아니라 믿지 않는 친구들까지 모임에 참여해서 하나님을 찬양하고 기도하는 일이 벌어졌으니까요."

처음 만난 학교에는 바로 이런 사연이 숨어 있었다. 사람의 눈에는 연약해 보이는 두 남학생이 시작한 작은 기도 모임이 또래 친구들과 함께하는 기도 모임이 된 것이다. 청소년들의 가슴을 뜨겁게 한 예배의 열정이 학교와 나라와 세계를 품는 모임으로 커졌다.

포천에서 스쿨처치 사역이 개시되자 마치 신호탄을 기다리기라도 한 듯 여기저기에서 연락이 왔다. 바로 옆 학교의 기도 모임과 연결되더니, 잇달아 다른 지역의 학교에서도 방문 요청이 쇄도했다. 만남은 전국 방방곡곡에서 이루어졌다. 휴전선에서 멀지 않은 북쪽 포천에서 남쪽 땅끝 마을인 해남까지, 해 뜨는 동해 포항에서 해 지는 서해 태안까지 대한민국 곳곳을 누비고 다녔다.

방방곡곡에서 만난 아이들은 주일에만 교회에서 예배자로 살지 않았다. 삶의 현장인 학교에서도 하나님을 예배하며 살고 있었다. 진정한 '학교예배자'들이다.

학교마다 스쿨처치가 세워진 사연에는 감동이 넘친다. 사연을 들으면 하나님의 은혜가 각 학교에 어떻게 임했는지도 확인할 수 있다. 그중 태안의 한 학교에 스쿨처치가 세워진 사연을 소개한다.

SNS에서 교류하는 고등학교 3학년 학생인 수진이와 이야기를 나누다가 스쿨처치를 소개하는 영상을 보내 주었다. 영상을 시청한 수진이는 자신의 학교에 기도 모임이 없다는 사실에 매우 안타까워하며 주변 친구들에게 스쿨처치를 소개하겠다고 했다. 그리고 한 주가 지난 뒤 수진이에게 다시 연락이 왔다. 수진이가 보낸 메시지에는 깜짝 놀랄 만한 내용이 담겨 있었다.

"쌤. 어. 떻. 게. 하. 면. 돼. 요?"

스쿨처치 영상을 친구들에게 소개만 해달라고 부탁했을 뿐인데, 수진이가 자신이 스쿨처치를 세워야겠다는 도전을 받고 연락을 해온 것이다. 수진이에게 어떻게 스쿨처치를 세울 마음을 먹게 되었는지 물어보았다.

주일에 교회에서 예배를 드리고 점심을 먹기 위해 교회 식당에 자리를 잡았는데, 앞자리에 담임목사님과 장로님이 앉으셨다고 한다. 그리고 두 분이 수진이에게 학교에 예배 모임을 세워 보면 어떻겠냐고 제안을 하셨다는 것이다. 며칠 전에 스쿨처치 영상을 보았는데 담임목사님과 장로님이 학교에 예배 모임을 세워 보라고 권면하시다니, 수진이는 깜짝 놀랐다고 한다.

수진이는 곧바로 자신의 SNS를 동원해서 친구들에게 스쿨처치를 하겠다고 선언했고, 함께할 친구들을 모집했다. 그리고 수진이의 과감한 믿음의 도전은 얼마 지나지 않아 스쿨처치라는 열매를 맺는 데 성공했다. 수진이가 다니는 학교에 세워진 스쿨처치의 영향으로 주변 학교들에도 스쿨처치가 세워졌고, 7년 이상 예배 모임이 지속되었다.

# 스쿨처치는 SNS를 타고

20명 정도의 광주 지역 학생들과 스쿨처치에 대한 비전을 나눌 기회가 있었다. 학생들과 만남을 앞두고 어떻게 하면 학생들에게 스쿨처치 비전을 심어 줄 수 있을지 많은 고민을 했다. 그러다 '학생들이 집중해서 볼 수 있도록 영상 콘텐츠를 사용해야겠다'라는 생각이 들었고, 스쿨처치를 인도하고 있는 친구들이 또래 친구들에게 직접 사명을 선포해 주면 훨씬 마음을 움직이기 좋을 것 같았다.

영상을 만들기 위해 학교에서 스쿨처치를 인도하고 있는 학생들에게 연락했다. 그리고 영상의 취지를 설명한 뒤 셀프 인터뷰를 녹화해 달라고 부탁했다. 어떻게 스쿨처치를 시작하게 되었는지, 스쿨처치 모임에서 어떤 일들을 하는지, 스쿨처치를 시작하려는 친구들에게 꼭 해주고 싶은 이야기가 무엇인지 담아 달라고 했다. 그리고 편집이 완성된 영상을 광주 지역 학생들에게 보냈다.

그런데 정말 뜻밖의 일이 벌어졌다. 게시물을 업로드하는 방식으로

SNS에 영상을 공유했는데, 광주 지역 학생들 외에도 많은 사람이 영상을 본 것이다. 영상을 본 사람들의 반응은 다양했다. 학창 시절에 학교에서 기도 모임을 했던 믿음의 선배들은 지금도 이런 모임이 살아 있다는 사실이 감동이라며 댓글을 달았고, 학생들이 학교에서도 크리스천으로 살아가기 위해 노력하는 모습에 자신의 모습을 반성하게 된다는 댓글을 단 사람도 있었다.

의도한 바는 아니었지만 이 일은 스쿨처치가 전국에 알려지는 계기가 되었다. 이때 처음으로 SNS의 파급력을 실감하고 스쿨처치 사역을 통해 만난 아이들의 이야기를 계속 영상으로 만들었다. "학교예배자 이야기"라는 영상의 조회 수가 꾸준히 증가했고 영상을 본 학생들에게 종종 연락이 왔다.

"제가 우연히 스쿨처치 영상을 봤는데요, 어떻게 하는 거예요?"

"교회 전도사님이 스쿨처치 영상을 보여 주셨어요. 저도 학교에서도 예배드리고 싶어요."

"SNS에서 영상을 보고 우리 학교에 스쿨처치를 세워야겠다고 마음먹었어요."

"학교에 기도 모임을 세우고 싶다는 생각은 있었지만 용기를 내지 못하고 있었는데, 영상을 보고 도전받았어요."

스쿨처치를 세우려는 학생들에게 연락이 오면 빠뜨리지 않고 로마서 12장 1절 말씀을 전했다.

"그러므로 형제들아 내가 하나님의 모든 자비하심으로 너희를 권하

노니 너희 몸을 하나님이 기뻐하시는 거룩한 산 제물로 드리라 이는 너희가 드릴 영적 예배니라"(롬 12:1).

주일에 교회에서 예배드린 것으로 '신앙생활 끝'을 선언하지 말고, 일주일 중 가장 많은 시간을 보내는 학교에서 삶의 예배를 이어 가자고 권면했다.

일주일에 70시간 이상을 학교에서 보내는 청소년들, 집에서 잠만 자고 많은 시간을 교실 책상 앞에서 보내는 청소년들, 어느새 집보다 학교가 편해졌다고 털어놓는 청소년들이 이제 학교에서도 하나님을 예배한다. 하나님을 예배하는 학생들의 움직임이 전국으로 확산되어 스쿨처치의 계절을 맞이하고 있다.

# 땅끝 마을에도 세워진 스쿨처치

우리나라의 '땅끝'이라고 불리는 전라남도 해남의 청소년들에게 연락이 왔다.

"안녕하세요. 해남에 있는 중학교의 학생들입니다. 저희가 지난달에 스쿨처치를 시작했는데요, 말씀드리고 싶어서 연락드렸어요!"

땅끝 마을에도 스쿨처치가 세워졌다니, 정말 반가운 소식이었다. 소식을 전해 듣고 학생들을 만나러 갈 준비를 했다. 그리고 SNS를 통해서 이 기쁜 소식을 전국에 알렸다. 땅끝 마을 해남에도 크리스천으로 살아가기 위해 노력하는 학생들이 있다는 소식은 널리 퍼졌다. 그리고 해남에서 이 소식을 접한 또 다른 학생에게 연락이 왔다.

"저는 해남의 한 고등학교에 다니는 이태양입니다. 저희도 학교에서 스쿨처치 모임을 하고 있어요. 우리 동네에 있는 중학교에 방문하신다고 들었는데, 오시는 김에 저희도 만나 주시면 안 될까요?"

이런 일이 다 있나 싶었다. 정말 감사했다. 하나님의 은혜는 해남의 중학교뿐 아니라 고등학교에도 넘쳤다. 서로 몰랐던 아이들이 비슷한 시기에 같은 감동으로 스쿨처치를 시작한 것이다.

해남에서 처음 본 태양이는 착해 보이고 인상도 좋았다. 누가 보아도 '교회 오빠' 인상을 가진 아이였다. 그러나 원래 선한 인상이 아니었다고 한다. 나중에 태양이의 후배들에게 놀라운 이야기를 들었다.

"사실 이 형이 말이죠, 동네에서 유명한 존재였어요. 술, 담배는 기본이고, 정말 무서운 사람이었어요. 이 지역 깡패 조직에서 스카우트 하려고 했다는 소문도 있어요."

그런 친구가 어떻게 학교예배자로 변신하게 되었는지 궁금했다. 태양이를 다시 만나서 직접 물어보니, 자신은 모태 신앙이라고 말했다. 그러나 믿음이 별로 없어서 고등학교 1학년 때 교회에 발길을 끊었다고 했다. 하나님을 왜 믿어야 하는지 이유를 알 수 없어서 교회를 완전히 떠나려고 마음을 먹었단다. 그런 태양이에게 교회를 완전히 떠날 수 없게 한 사건이 있었다.

"고등학교 2학년 여름방학 때 교회에서 필리핀 단기 선교를 간다고 해서 따라갔어요. 사실 저는 선교가 목적이 아니라 그냥 놀러 간 거였죠. 외국에서 찍은 사진을 SNS에 올리고 '좋아요' 좀 받아 보려고요. 그런데 의도와 전혀 다르게 거기에서 은혜를 받고 말았어요."

필리핀에 가기 전과 완전히 다른 사람으로 바뀌어서 한국으로 돌아온 태양이는 개학 후 학교에서 성경책을 읽는 아이가 되었다. 그뿐만 아니라 친구들과 신앙 모임을 만들어야겠다고 마음을 먹었다. 그렇게 해서 태양이가 다니는 학교에 스쿨처치가 세워졌고, 그로부터 한 달 정도 되었을 때 나와 연락이 닿은 것이다.

태양이는 이런 이야기도 들려주었다.

"처음 스쿨처치 모임을 시작하면서 아는 친구들을 모으다 보니 시쳇말로 좀 '노는' 애들이 함께하게 됐어요. 선생님들은 좀 긴장이 되셨나 봐요. 일주일에 한두 번도 아니고 거의 매일 모임을 하니까 적당히 좀 모이라고 말씀하시는 거예요. 부담스럽다고요."

이야기는 여기서 끝나지 않았다. 태양이의 변화는 자신의 학교에만 영향을 끼친 것이 아니었다. 같은 교회에 다니는 후배가 태양이의 변화된 모습을 보고 자신의 학교에도 스쿨처치를 세운 것이다. "저 형이 원래 그런 형이 아닌데…"라는 놀라움과 태양이의 변화된 모습이 도전 의지를 불러일으켰다고 한다.

땅끝의 학교들에서 자발적으로 일어난 스쿨처치 운동은 지금까지 이어지고 있다. 학교들이 연합해서 수련회도 개최한다고 한다. 게다가 얼마 전에는 해남과 이웃한 완도의 한 중학교까지 스쿨처치 운동이 퍼졌다는 소식을 들었다. 또 다른 땅끝 마을인 경상남도 다랭이마을에도 스쿨처치가 세워졌다.

하나님은 한반도의 변방인 땅끝 마을에서 아이들의 마음에 큰 변화를 일으키셨다. 지리적 땅끝만 변방이 아니다. 우리에게서 멀지 않은 곳에 수많은 '변방'들이 있다. '설마 이런 곳에서도?'라고 생각하는 바로 그곳에서도 하나님은 역사하신다.

한번은 남해의 친구들에게 연락이 왔다.

"우리 학교에도 와 주실 수 있죠?"

"얼마든지, 기꺼이."

경상남도 거제에 사는 고등학교 1학년 은혜가 말을 걸어온 것은 2018년 여름이었다.

"안녕하세요, 목사님! 오래전부터 목사님의 SNS 계정을 팔로우하며 보고 있다가, 이번 수련회에서 직접 뵙게 되니 정말 좋았어요. 오늘 목사님이 스쿨처치에 대해 도전을 선포해 주셔서 저도 학교에서 꼭 기도 모임을 시작해야겠다고 결심했어요."

학생이 다니던 중학교에 학교예배자 모임이 있었는데, 졸업 후 진학한 고등학교에는 아무 모임이 없었다. 그래서 친구들과 함께 스쿨처치를 시작하면 좋겠다는 마음으로 기도하다가 여름수련회에서 새롭게 각오를 다졌다고 했다.

새 학기가 시작된 후 학생에게 다시 연락이 왔다. 친구와 함께 교장 선생님과 교감 선생님께 스쿨처치 모임 허락을 받으러 가는 길이라고 했다. 기도해 달라는 부탁에 있는 힘껏 "파이팅!"을 외쳐 주었다. 함께 조마조마한 마음으로 기다렸는데, 드디어 결과가 나왔다.

"교감 선생님께 먼저 찾아가 여쭀는데 흔쾌히 허락해 주셨어요!"

"우와! 기꺼이 하라고 그러셨다고? 혹시 믿는 분들이셔?"

"아니요, 믿는 분들은 아니신데, '우리가 도움은 못 줘도 방해는 말아야지' 이렇게 말씀하시면서 허락해 주셨어요."

"정말 멋진 일이다."

그해 11월, 은혜와 친구들을 만나러 거제도로 찾아갔다. 몇 해 전 거제의 학교들을 방문한 기억이 있어 당시에 교제했던 아이들에게 전화해 보았다. 지금은 청년이 된 학생 한 명과 연락이 닿았다. 어느 학교에 가느냐고 묻기에 학교 이름을 알려 주었더니 깜짝 놀라는 음성이 들렸다.

"어머! 거기 제가 나온 학교예요. 정말 감사하네요."

그 학교에는 오래전에 스쿨처치가 세워졌고 모임이 잘 이어져 왔다. 그래서 이 청년도 학창 시절 학교예배자로 잘 자랄 수 있었다. 그런데 몇 차례 위기가 찾아왔고, 그때마다 잘 버티나 싶었지만 결국 1-2년 전 모임이 사라졌었다고 한다. 그런데 생각도 못했던 신입생을 통해서 스쿨처치의 맥이 다시 이어진 것이다. 이렇게 하나님의 역사는 정말 놀랍다. 서로 알고 지내기는커녕 존재조차 몰랐던 아이들이 하나님의 역사 가운데 스쿨처치 사역의 동역자가 되었다.

주님은 우리의 지각과 상상을 뛰어넘어 일하시는 분이다. 이와 비슷한 경우를 그동안 여러 차례 목격했는데, 앞서 소개한 태안의 고등학교 사례가 정확히 거기에 속한다.

태안의 학교에도 이미 오래전 스쿨처치가 존재했었다. 교사 한 분이 부임하신 후 10년 가까이 학생들을 학교예배자로 세우는 일을 감당해 오셨다. 그런데 사역을 이어 가고 싶었던 선생님의 마음과 달리 모임을 함께할 학생들이 모두 사라지고 말았다.

그래서 3년 가까이 공백이 생겼는데, 아무도 예상하지 못한 고등학교 3학년 수진이에게 하나님이 열심을 부어 주셨고, 그 선생님을 만나게 해주셨다. 그리고 협력이 이루어져 스쿨처치가 재개될 수 있었다.

과연 어느 누가 이런 시나리오를 쓴단 말인가. 오직 하나님만이 하실 수 있는 일이다.

이 학교의 스쿨처치 명칭은 '그루터기'다. 장성한 나무를 베어 버리면 그 나무의 수명은 끝난 것처럼 보인다. 그런데 나무의 형체가 사라진 후에도 남은 밑동이 있으니, 그것을 바로 그루터기라고 한다. 신기하게도 이 그루터기에 접을 붙이면 다시 새로운 나무가 자란다. 성경은 이 자연 원리를 영적으로 적용한다.

"그중에 십분의 일이 아직 남아 있을지라도 이것도 황폐하게 될 것이나 밤나무와 상수리나무가 베임을 당하여도 그 그루터기는 남아 있는 것같이 거룩한 씨가 이 땅의 그루터기니라"(사 6:13).

거제의 은혜도, 태안의 수진이도 남겨진 그루터기들이다. 결코 포기하는 법이 없으신 하나님은 이 그루터기들로 위대한 일들을 이루셨다. 사람들이 좌절하고 포기할지라도 하나님은 계속 일하고 계신다. 비록 많은 인원은 아닐지라도 하나님의 역사는 계속된다. 학교에 교회를 세우겠다는 사명으로 버티고 견디는 아이들, 다음 세대는 이렇게 그루터기의 방식으로도 세워진다.

그러니 한 사람이 중요하다. 주님이 찾으시는 단 한 사람, 그 예배자! 바로 우리 자신일 수도, 우리 아이들일 수도 있다.

## 05

# 학교 예배라면
# 대학교도 빠질 수 없지

많은 목회자와 주일학교 사역자들에게 풀기 어려운 숙제가 하나 있다. 학생 때는 곧잘 예배에 참석하고 신앙생활도 그럭저럭하던 아이들이 청년이 되어 대학에 진학하거나 취업을 하면서 교회를 떠나는 일이 비일비재하다는 것이다. 대부분 신앙의 기초가 탄탄하지 않아서 발생하는 현상이다.

그러나 스쿨처치 사역을 경험한 학생들의 경우 전혀 반대의 양상이 나타난다. 대학 진학이나 사회에 나가서 신앙적 긴장이 풀어지기는커녕 오히려 더 충실한 믿음의 소유자로 진일보한다. 그 결과로 탄생한 것이 '캠퍼스처치'(Campus Church)다.

고등학교 시절 학교예배자로 열심히 활동하다 부산의 한 대학에 진학한 요한이라는 학생에게 모처럼 연락이 왔다.

"목사님, 제가 다니는 대학에 친구들과 함께 캠퍼스 기도 모임을 세였는데요, 한 번 오실 수 있으세요?"

반가운 마음에 달려가 보니 대학교에서 기도 모임, 캠퍼스처치를 하고 있었다. 요한이의 동기 중에는 크리스천이 많았는데 점점 믿음을 잃어 가는 학생들이 생겼고, 그 모습이 너무 안타까워서 친구들과 후배들이 믿음을 잃지 않고 살아가도록 캠퍼스처치를 세워야겠다고 생각했다고 한다.

"후배들을 상대해 보니 대체로 믿음이 신실했어요. 스쿨처치를 세워도 괜찮겠다는 생각이 들었죠. 그래서 선배들이 먼저 회개하고 올바른 신앙생활을 하자는 뜻에서 기도 모임을 시작했어요."

요한이의 걸음에 여러 친구들이 동행했고, 같은 과 조교 선생님까지 힘을 보태 주신 덕분에 이제는 기도 모임이 정식 학교 동아리로 등록되었다. 캠퍼스 안에 전용 모임방도 생겼다. 캠퍼스처치를 함께하는 다른 멤버는 이렇게 이야기한다.

"전도서 4장 12절에 '한 사람이면 패하겠거니와 두 사람이면 맞설 수 있나니 세 겹 줄은 쉽게 끊어지지 아니하느니라'는 말씀이 있잖아요. 저도 처음에는 혼자서 신앙생활을 잘 해낼 거라고 생각했어요. 그런데 겨우 1학년 때 신앙이 무너지고 말았어요. 그래도 다행히 친구들의 도움으로 회복할 수 있었어요. 고등학교 때처럼 대학교에서도 함께 신앙생활을 할 수 있는 친구들이 있다는 게 참 좋습니다."

요한이가 학교에서 신앙생활을 함께할 친구들을 많이 만날 수 있었던 것처럼, 다른 학교에서도 믿음의 동역자를 얼마든지 찾을 수 있을 것이다.

경상남도 진주에는 더욱 확장된 형태의 캠퍼스처치 모임이 있다. 진주 일대의 각 대학교 학교예배자들이 매주 한자리에 모여서 기도하는 자리를 만든 것이다. 이름하여 '캠퍼스 수요예배'다.

캠퍼스 수요예배에 약 100명의 학생이 참여하는데, SNS에서 "경상대 캠퍼스 수요예배"를 검색하면 진주 청년들의 뜨거운 예배 현장과 헌신적으로 사역하는 모습을 생생하게 확인할 수 있다.

캠퍼스 수요예배는 항상 "부르신 곳에서"라는 찬양과 함께 말씀이 시작된다. 학생들은 이 찬송을 부르며 각자가 처한 삶의 터전에서 기도자로, 예배자로, 소금과 빛으로 살아가기를 다짐한다.

캠퍼스처치 동역자 중에는 중·고등학교의 후배들을 격려하고 스쿨처치 사역을 활성화하는 일에 적극적으로 참여하는 청년도 있다. 이들을 통해서 대한민국의 모든 학교에서 스쿨처치와 캠퍼스처치가 왕성하게 일어날 내일을 바라본다.

캠퍼스처치에 대해 꼭 소개해야 할 사례가 하나 더 있다. 청주의 한 대학교에서 벌어진 이야기인데, 하나님의 섭리라고밖에는 설명할 수 없을 정도로 신기하고 가슴 뛰는 내용이다.

이 학교에 다니는 병찬이라는 청년이 있다. 이 청년은 군에서 제대한 후 겨울방학 기간에 교회 고등부 수련회 교사로 섬기게 됐다. 그런데 마침 고등부 담당 전도사님이 수련회 도중 스쿨처치 영상을 청소년들에게 보여 주며 도전 정신을 일깨우셨다. 병찬이는 그 영상을 함께 시청하다가 크게 감동했다.

"어떻게 하면 학교에서도 크리스천의 삶을 살 수 있을까 고민을 많이 했어요. 그러던 중 우연히 보게 된 스쿨처치 영상이 마음에 와 닿는 거예요. 분명 고등학생들에게 초점을 둔 메시지인데 '어쩌면 대학생들도 이 사역을 할 수 있지 않을까?'라는 생각이 들었죠."

병찬이는 생각에 그치지 않고 바로 주변에서 교회 다니는 친구를 찾아 캠퍼스처치를 세우자고 제안했는데, 그 친구가 매우 좋아하면서 교수님 한 분을 소개해 주었다. 병찬이는 교수님에게 더 놀라운 이야기를 들었다고 한다.

"고맙다. 그동안 내가 널 기다렸다. 바로 너같이 말해 줄 사람을 기다렸다. 뭘 도와줄까?"

마치 광야와도 같았던 병찬이의 대학 생활은 캠퍼스 기도 모임이 생기면서 확 달라졌다. 신입생 때만 해도 자신의 믿음을 시험하고 흔드는 온갖 요인 때문에 바람 잘 날이 없었는데, 캠퍼스처치 모임을 시작하고 삶이 단정해졌다. 게다가 함께 신앙을 고백하고 교제하는 친구들을 만나면서 행복한 순간이 훨씬 늘어났다.

무엇보다 감사한 일은 어릴 때 교회를 다니다가 대학생이 된 후 발길을 끊었던 친구들이 캠퍼스처치를 통해 다시 신앙생활을 시작하게 된 것이라고 했다. 친구들이 회심하던 순간의 감격을 병찬이는 아마 두고두고 잊지 못할 것이다. 친구들이 회심과 함께 중대한 변화를 맞이한 모습을 목격했기 때문이다.

# 다음 세대를 만나는 여행

대학에 진학해서 캠퍼스처치로 동역하는 청년들과 계획을 세웠다. 겨울방학에 전국을 다니면서 스쿨처치 사역을 이어 가는 후배들을 만나는 여행을 하자는 계획이었다.

마침 수중에 '내일로'(Rail-路) 티켓이 있어서 활용하기로 했다. 내일로 티켓은 한국철도공사(KORAIL)에서 개발한 패스형 철도 여행 상품으로, 국내 방방곡곡을 여행하기에 유익한 티켓이다. 우리는 이 티켓의 이름에 착안해 여행의 이름을 '네일로'(Nail-Ro)라고 정했다. 십자가에 달리신 예수님의 손과 발에 박힌 '못'(Nail)과 '길'(Road)을 합쳐 '십자가의 길'을 의미한다.

첫 네일로 여행에는 16명의 청년이 동참했다. 16명의 청년을 4개 조로 나누어 한 조에 4명씩 편성했고, 조마다 다른 지역으로 여행 코스를 정해 줬다. 그리고 각자에게 신약성경 4복음서의 저자들인 마태, 마가, 누가, 요한을 별명으로 붙여 줬다. 그러면서 그에 따른 역할을 부여했다. 마태는 리더, 마가는 총무, 누가는 기록자 1, 요한은 기록자 2의 역할을 담당한다.

청년들은 '한 손에는 복음을 들고, 한 손에는 사랑을 들고' 기차에 올랐다. 그리고 삼천리 반도 금수강산을 누볐다. 스쿨처치가 세워진 곳이라면 어디든 찾아갔다. 청년들은 네일로 여행을 다니면서 자신이 졸업한 학교에 찾아가서 후배인 청소년들을 격려하며 함께 예배했다.

후배들에게 해주고 싶은 말을 응원 카드로 만들어 등하굣길의 학생들에게 나누어 주기도 했다.

"웃으니까 예쁘다."

"너는 존재만으로도 아름다워."

"네가 잘못해서 그런 게 아니야."

"누군가 널 위해 기도하네."

"괜찮아, 충분히 잘 해내고 있어."

이것은 청년들의 마음이기도 했지만, 아이들을 사랑하시는 하나님의 마음을 우회적으로 표현한 것이기도 했다.

학교 앞에서 나누어 주는 응원 카드는 크리스천이 아닌 학생들에게도 인기가 많다. 한 학생은 학원 광고지를 나누어 주는 줄 알고 시큰둥하게 카드를 받았다가 카드에 적힌 글을 읽고 친구들에게 자랑했다.

"얘들아, 너희도 이거 받았어? 광고지인 줄 알았는데 카드 안에 좋은 글만 적혀 있어! 이분들 그냥 우리를 응원해 주려고 오셨나 봐. 완전 감동이야!"

어떤 학생은 응원 카드를 받자마자 울음을 터뜨리기도 했다. "잘하고 있는지 모르지만, 자라고 있어. 충분히"라는 글귀에 위로를 받은 것 같았다.

　이 땅의 많은 청소년은 고단한 학교생활을 몇 년씩 견딘다. 삶의 이유를 찾지 못한 학생들이 태반이다. 목적도, 이유도 없는 삶이 얼마나 힘들고 답답할까. 그런 마음을 토닥이며 건네는 사랑과 위로, 진심 어린 격려가 학생들의 눈시울을 적시는 모습을 보았다. 청년들의 발걸음, 네일로 여행이 헛되지 않다고 느끼는 이유다.

## 나에게 스쿨처치란
## '무엇과도 바꿀 수 없는 기억'이다

**— 이태양 (총신대학교, 전 해남○○고등학교 스쿨처치 예배자)**

고등학교 2학년 여름, 예수님을 만나게 되리라고는 생각도 하지 못했습니다. 저는 중학교 때부터 방황하며 크리스천과 거리가 먼 삶을 살았습니다. 어렸을 때부터 술과 담배에 깊이 빠져 지냈고, 친구들과 학교 밖에서 어울려 노는 것을 좋아했습니다.

고등학교에 입학해서는 매주 토요일마다 친구들과 외박하며 술을 마시느라 주일에 교회에 가는 게 힘들어져 거의 예배를 드리지 않았습니다. 학교에서도 소위 '노는' 무리에 속해 힘없고 약한 친구들의 마음을 힘들게 하는 어리석은 일들도 했지요. 그렇게 아무런 꿈도, 희망도 없이 살았습니다.

그러던 중에 필리핀으로 단기 선교를 떠난다는 친구의 말을 듣고, '난생처음 해외여행이나 가 보자' 하는 마음으로 친구를 따라갔다가 그곳에서 예수님을 깊이 만나게 되었습니다.

제가 얼마나 더럽고 죄가 많은 사람인지…. 입에 담지도 못할 만큼 깨달았습니다. 도저히 표현할 수 없을 정도였습니다. 저를 위해 하나님의 아들이신 예수님이 십자가에서 대신 죽어 주셨고, 하나님의 자녀로 삼아 주셨다는 소식은 제 삶을 완전히 바꾸어 놓기에 충분했습니다. 회심하던 그때, "나를 위해 생명을 주신 주님께 나도 생명을 드리겠습니다"라고 눈물로 기도하며 드렸던 고백이 떠오릅니다.

회심한 후 처음 등교하던 날, 저는 큰 검은색 가죽 성경을 가지고 학교에 갔습니다. 그리고 당당하게 교실에서 성경을 읽었습니다. 이 모습을 본 제 친한 친구들은 "저 새끼, 여름에 어디 사이비에 끌려가서 세뇌당했다"라며 저를 걱정하기도 했습니다. 가족들도 제가 이단에 빠진 것은 아닌지 한동안 걱정 어린 눈으로 저를 바라봤습니다.

성령님이 제 삶에 들어오시니 자연스레 삶의 모든 부분에서 변화가 시작되었습니다. 술과 담배, 친구들과 이야기하며 자연스레 했던 욕과 음담패설 등 이전에는 전혀 잘못되었다고 여기지 않았던 것들에 혐오감이 들어 멀리하게 되었고, 그 대신 성경 읽는 시간과 기도하는 시간이 가장 행복해졌습니다.

예수님을 만난 뒤 처음 읽었던 산상수훈의 말씀을 따라 원수였던 친구에게 먼저 다가가 관계를 회복했고, 제가 과거에 힘들게 했던 친구에게 조심히 연락해 용서를 구하기도 했습니다. 쉬는 시간만 되면 비어 있는 화장실에 들어가 그 짧은 10분 남짓의 시간에 눈물로 주님과 친밀히 교제했고, 점심과 저녁 시간에는 성경을 읽거나 유튜브로 설교를 들으며 시간을 보냈습니다.

많은 조롱을 당하면서도 SNS를 통해 지인들에게 날마다 성경 구절을 보내기도 했으며, 주말마다 길거리에 나가 지나가는 사람들에게 전도지를 나눠 주며 전도도 했습니다.

그렇게 갑자기 사람이 변하다 보니, 의도한 것은 아닌데 원래 친했던 친구들과 자연스레 멀어지게 되었습니다. 학교에서 조금 외로워지더라고요. 그러면서 '나 말고도 이런 외로움을 느끼고 있는 크리스천 친구들이 있을 수 있겠다'는 생각이 들었습니다.

그런데 그때, 이전에 한 수련회에서 만났던 친구가 학교에서 기독교 동아리를 하고 있다고 한 말이 불현듯 생각났습니다. 그래서 저도 학교에 예배 모임 동아리를 세워야겠다고 다짐했습니다. 그리고 바로 SNS에 글을 올리고 메시지를 보내 준 친구들과 함께 학교에서 예배를 시작했습니다.

스쿨처치를 하며 작은 어려움들을 겪기도 했지만 그때마다 주님의 일하심을 경험했고, 친구들과 함께 찬양 집회와 자체 수련회를 하는 등 소중한 추억도 많이 쌓았습니다.

스쿨처치로 인해 삶에서 예배한다는 것이 무엇인지 배우고 훈련받을 수 있었습니다. 예배는 일주일에 한 번 주일에 교회에서만 하는 것이 아니라, 날마다 자기가 살아가는 현장에서 하는 것이라는 사실을 말입니다.

저에게 스쿨처치란 '무엇과도 바꿀 수 없는 기억'입니다. 만약 누군가가 제 삶에서 학교에서 하나님을 예배했던 시간을 지우는 대신 엄청난 부자가 되게 해주겠다고 할지라도, 아니 그 무엇을 준다고 할지라도 저는 절대 그 시간을 지우지 않을 겁니다. 스쿨처치를 하던 때를 떠올리면 지금도 눈물이 납니다. 너무 행복해서 말입니다.

앞으로 살아가면서 '그때만큼 진실하고 순전한 마음을 주님께 드릴 수 있는 기회가 올까?'라는 생각도 듭니다. 대단한 재능도 없고 아무 것도 가진 것이 없었기에 그냥 나 자체를 주님께 드렸던 그때, 그랬기 때문에 하나님 자체를 누릴 수 있었던 그때의 기억은 세상 무엇과도 바꿀 수 없는 소중한 추억으로 남아 있습니다. 이렇게 소중한 추억을 저뿐만 아니라 모든 크리스천 학생이 가지게 되면 좋겠습니다.

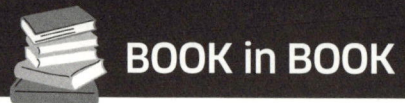

## BOOK in BOOK

나도움 목사의 10대를 위한
〈당신의 이야기를 들어 드립니다〉

2016년 늦겨울의 추위가 매섭던 어느 날, A가 사라졌다는 소식을 들었다. 가출이 아니라 실종이었다. 그리고 이틀 뒤, A를 발견했지만 이미 목숨을 잃은 싸늘한 주검 상태였다. 가해자도 얼마 지나지 않아 찾아냈다. A의 남자 친구 H였다.

같은 고등학교, 같은 동아리에서 커플이 된 두 명의 아이들은 스무 살, 같은 대학 입학을 앞둔 학생들이었다. 누가 봐도 명랑하던 그 아이들에게 너무나 안타까운 일이 벌어진 것이다.

A가 남자 친구 H에 의해 목숨을 잃은 것은 2월 말 즈음이었고 임신 중인 상태였다. 12월에 A의 임신 사실을 알게 된 두 사람이 임신 사실을 둘만의 비밀로 간직한 채 지내다가 서로 말다툼하게 되었고, H가 우발적으로 A를 살해한 것이었다. A와 태중의 아기, 두 사람이 생명을 잃었고, 가해자인 H도 살아도 사는 것이 아닌 지경이 되었다.

너무나 마음이 아팠다. '이 아이들이 자신의 이야기를 나눌 곳이 있었다면, 두렵고 감당하기 어려운 사실을 토해낼 곳이 있었다면 이 일을 막을 수 있지 않았을까…'라는 생각이 떠나지 않았다. 그래서 학생들의 고민을 들어주는 '당신의 이야기를 들어 드립니다' 사역을 시작했다. 고민을 들어주는 것만으로 한 사람을 살릴 수 있다는 확신이 들었기 때문이다.

'당신의 이야기를 들어 드립니다' 사역 중에 만난 몇 가지 사연을 소개한다.

"저 계속 환청이 들리는데 어쩌죠?"

"지금 기도 부탁드려도 될까요? 환청이 계속 아주 심하게 들리고, 피가 너무 많이 나요…."
계속 이상한 소리가 들리고 옥상에도 올라갔다 왔다며, 너무 힘들어서 자해도 했다고 말하는 한 아이가 있었다.
"살려 주세요…. 누가 옆에서 소리를 질러요."
그 아이는 정신과에 찾아가 상담을 받는 중이지만 바로 회복이 되지 않는다며 힘들어했다.

"혹시 주변에 성경책 있니?"
"네."
"말씀엔 능력이 있단다!"
"네!"
"지금 당장 못 움직이겠다면 내가 말씀을 메시지로 보내 줄게!"
나는 생각나는 말씀을 찾아 메시지로 보내 주기 시작했다.

"하나님의 말씀은 살아 있고 활력이 있어 좌우에 날 선 어떤 검보다도 예리하여 혼과 영과 및 관절과 골수를 찔러 쪼개기까지 하며 또 마음의 생각과 뜻을 판단하나니"(히 4:12).

"우리에게 있는 대제사장은 우리의 연약함을 동정하지 못하실 이가 아니요 모든 일에 우리와 똑같이 시험을 받으신 이로되 죄는 없으시니라 그러므로 우리는 긍휼하심을 받고 때를 따라 돕는 은혜를 얻기 위하여 은혜의 보좌 앞에 담대히 나아갈 것이니라"(히 4:15-16).

"아멘."
그렇게 쉽지 않은 밤, 환청이 들린다는 밤을 보내고 난 후 아침에 그 아이에게 연락이 왔다.
"목사님, 새벽예배 다녀와서 아주 괜찮아졌어요. 어제 기도해 주셔서 감사합니다. 앞으로 말씀 의지하고, 하나님 의지하며 잘 이겨 낼게요!"

정서적으로 힘들고 환청이 들리면 당연히 정신과를 찾고 심리 상담도 받아야 한다. 그리고 뻔해 보이는 답 같지만, 하나님의 말씀으로 이겨 내는 것도 그에 못지않게 중요하다. 내 힘으로 이 위기와 어려움을 이겨 낼 수 없음을 고백하며 하나님이 나를 살리시기를, 회복시키시기를 구하는 것이 옳다. 심각한 어둠 속에 있는 청소년들이 하나님의 말씀을 붙들고 살도록 인도하고 기도하는 리더가 날이 갈수록 더욱더 필요해지고 있다.

"순결을 못 지켰는데도 하나님이 나를 사랑하실까요?"

SNS 메시지가 울렸다.
"지금 제가 중학교 3학년인데요, 제가 1학년 때 사귀던 남자애한테 성폭행을 당했어요. 신고도 못 하고 지금까지 계속 묻어 두고 있었는데, 순결을 못 지켰다는 생각 때문에 너무 죄책감이 들고 시도 때도 없이 계속 그때 생각이 나서 너무 괴로워요."
"정말 힘들겠다. 혹시 주변에 도움을 청할 분들이 있을까?"
"부모님께 말씀드리기에는 너무 죄송스럽고, 교회 전도사님들이나 집사님들에게 상담하면 순결을 못 지켰다는 이유로 비판받을까 봐 무서워요. 제가 너무 더러운 존재가 돼 버린 것 같아서…, 하나님이 저를 사랑하지 않으실 것 같아요."
너무나 마음이 아팠다. 이제 겨우 16세, 더구나 감당하기 힘든 일을 당한 때가 고작 14세였다는 것을 생각하니, 아이가 정말 안쓰러웠다.
"하나님은 절대 너를 외면하지 않으셔. 오히려 주님은 너의 아픔을 아시고 전적으로 공감하셔. 당연히 너를 사랑하시고 말이야. 있는 모습 그대로, 하나님께 속상하고 답답한 마음을 고백해도 돼."
"하나님이 저를 사랑하실까요?"
아이는 한 번 더 물었다.
"당연하지. 지금도 사랑하시고, 지금 그 상한 마음을 하나님께 고백하길 기다리고 계실 거야. 하나님은 나의 어떠함 때문에 나를 사랑하시는 게 아니라, 그럼에도 불구하고 있는 모습 그대로의 나를 사랑하시니까."
아이는 눈물을 쏟았다. 본인에게 동의를 구하고 이 대화를 바탕으로 영상을 만들어서 유튜브에 올리자 개인적으로 여러 학생에게 연락이 왔다.
"사실 저도… 중학교 1학년 때… 저 친구와 비슷한 일을…."
"저도 중학생 때… 남자 친구에게 성폭행을 당했어요…."
생각보다 비슷한 문제로 고통받고 있는 학생들이 많았다. 그러나 죄책감으로 인해 누구에게도 말하지 못하고 있다는 것도 알 수 있었다. 부모들과 사역자들이 학생들에게 많은 관심을 기울이고, 이러한 일이 다시는 일어나지 않게 할 방법을 고민할 필요가 있다.

"저는 이중인격자 같아요"

처음 만난 아이가 함께 밥을 먹으며 이야기를 꺼냈다.
"저는 이중인격자 같아요."
"아니, 왜? 그렇게 안 보이는데?"
"그게요… 제가 친구들이랑 어울리는 걸 좋아하는데요, 같이 놀다 보니 그 친구들이 저에게 술을 권하더라고요."
"그랬는데?"
"처음에는 맛이 없더라고요. 쓰고, 별로였어요. 그냥 친구들이랑 함께하는 그 분위기가 좋아서 하루 이틀 계속 그 자리에 있었는데요…."
들어 보니 결국, 요즘 술맛을 알아 버렸다는 얘기였다.
"아니, 요즘 몇 병이나 마시는데?"
"저요? 한… 3병? 헤헤!"
"너무 많이 마시는 거 아니야? 할머니, 할아버지한테 안 걸렸어?"
"학교를 시골에서 다녔는데요, 할아버지는 눈이 어두워 잘 안 보이시고, 할머니는 귀가 어두워 잘 못 들으세요. 주무시면 TV를 크게 틀어 놔도 모르실 정도예요! 그래서 집에서 친구들이랑 모여서 같이 먹었어요."
"엄마, 아빠한테도 안 걸렸어? 그렇게 많이 먹는데?"
"제가 착하게 생겨서 안 걸렸어요…."
아이는 정말 착하게 생긴 얼굴로 배시시 웃었다. 본인이 착하게 생긴 것을 아는 아이였다.

"제가 너무 이중인격자 같아요."
주저하며 말을 하는데, 그래도 아직 귀엽고 순수하다는 생각이 들었다. 물론 미성년자가 술을 마시는 것은 잘한 일이 아니지만 반성하고 성찰하는 모습이 대견했다고 해야 할까?
"그래도 네가 잘못하고 있다는 걸 알아서 다행이야! 이런 말이 있잖아, 영화 '동주'에 나왔던 말인데 '부끄러움을 아는 게 부끄러운 게 아니라 부끄러움을 모르는 게 부끄러운 거야.' 그러니 넌 소망이 있어! 이제 그만 마셔!"
이 학생은 자신을 이중인격자라고 말했다. 그러나 본인이 문제가 있다는 사실을 알고 반성하고 고치려는 모습에서 소망을 발견했다. 자신의 잘못을 고치려 하기는커녕 자신의 잘못을 알지도 못하고 자기 합리화에 빠져 있는 사람보다 소망이 있다.

"사람을 원망하면 안 되는 거죠?"

SNS 메신저로 메시지가 왔다.

"원망스러운 사람이 있어요. 그런데 사람을 원망하면 안 되는 거죠?"

"아… 원망할 수도 있지. 슬플 때 슬퍼할 수 있고 아플 때 아파할 수 있듯이 말이야. 다만 너무 미워하거나 너무 원망하진 말고. 기본적으로 너의 감정에 솔직한 건 괜찮아. 울고 싶을 때 울어야지."

"상처를 너무 크게 받아서 그 사람을 보기 힘들 정도로 원망스럽다면요? 저뿐만 아니라 많은 사람이 힘들어한다면, 그때는 그 사람을 떠나보내는 게 맞는 건가요?"

"응…. 그 사람도 중요하지만 너도 중요하니까. 너도 살아야지."

"기도하고 싶은데 기도가 안 돼요. 이런 일이 일어나는 건 다 하나님이 나를 사랑하셔서 그렇다는 것도 알고 있지만, 그 사람이 너무 원망스럽고 밉고 그냥 눈물만 나와요."

"네가 마음고생을 많이 하고 있구나."

"음…, 확실히 결정된 건 아니지만 부모님이 이혼하실 것 같아요. 아빠가 다른 여자가 생겨서 엄마가 힘들어하고 있고, 엄마는 이혼을 원하세요. 저는 어릴 때부터 부모님이 이혼한다는 생각만 해도 식은땀이 나고 굉장히 힘들었는데, 그 일이 실제로 일어난다고 하니까 아빠가 정말 원망스러워요. '어떻게 예수님을 믿는 사람이 이럴 수 있을까?'라는 생각도 들고 그냥 너무 힘들어요. 저는 얼마 전까지 학교에서 왕따였어요. 왕따 문제가 끝나니까 힘든 일이 또 생기고, 너무 버티기 힘들어요."
"그래, 정말 힘들겠다. 이런 상황이면 분노해도 되고 원망해도 돼. 화내도 된다는 말이야. 다만 너무 화내다가 네가 아프지 않기를 바라."
"고마워요."
"고맙긴. 언제든 연락해!"

참 많은 학생이 다양한 고민으로 힘들어하고 있다. 그리고 신앙적으로 어떻게 극복해야 할지 고민하며 괴로워하고 있다. 이런 학생들의 고민을 시원하게 해결해 주지는 못한다. 그러나 이야기를 나누는 과정에서 학생들이 위로를 얻고 회복되는 모습을 볼 수 있다.

"너희가 짐을 서로 지라 그리하여 그리스도의 법을 성취하라"(갈 6:2)

예수님의 말씀을 기억하며 청소년들의 짐을 함께 져 주는 사역자들이 많아지기를 기대한다.

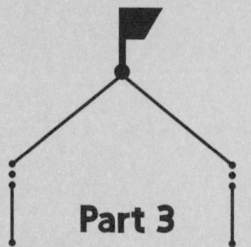

# Part 3

# 비대면 시대에도
# 우리는 예배합니다

SCHOOL CHURCH

우리는 많은 믿음의 선배처럼
시대 상황에 흔들리지 않고
복음을 전해야 한다.
말씀을 따라
뱀같이 지혜롭고 비둘기같이 순결하게
복음을 전해야 한다.

## 온택트 스쿨처치
_ 나도움 목사

# 끊어지지 않는 청소년 사랑

코로나19의 유행으로 스쿨처치 사역에도 변화가 찾아왔다. 전에는 오프라인으로 청소년을 만났지만, 이제는 온라인으로 만날 방법을 찾아야 했다. 그동안 대면으로만 진행해 왔던 스쿨처치 사역을 비대면 상황에 맞춰 어떻게 지속할 수 있을지 고민이 많았다. 답은 보이지 않고 막막했다. 그러나 이대로 스쿨처치 사역을 포기할 수 없었다.

"너는 말씀을 전파하라 때를 얻든지 못 얻든지 항상 힘쓰라 범사에 오래 참음과 가르침으로 경책하며 경계하며 권하라"(딤후 4:2).

때를 얻든지 못 얻든지 말씀을 전파하는 사명을 감당해야 하기 때문이다. 코로나19가 유행하기 전처럼 스쿨처치 모임을 이어 갈 수 없지만 상황에 맞게 방법을 찾아야 했다.
수천 년의 기독교 역사를 돌아보아도 복음을 전하기에 편한 상황만 있지 않았다. 복음을 전하다가 핍박을 당하는 일이 많았다. 그러나 믿음의 선배들은 포기하지 않고 복음을 전했고, 그들을 통한 하나님의 일하심으로 우리도 예수님의 이름을 들을 수 있었다.

우리는 많은 믿음의 선배처럼 시대 상황에 흔들리지 않고 복음을 전해야 한다. 그렇다고 주변에 피해를 주면서 복음을 전하라는 말은 아니다. 말씀을 따라 "뱀같이 지혜롭고 비둘기같이 순결"(마 10:16)하게 복음을 전해야 한다.

환경이 문제라는 것은 늘 핑계에 불과하다. 영혼을 사랑하는 마음을 품고 기도하면 하나님이 지혜를 주시고 방법을 알려 주실 것이다. 스쿨처치 사역의 본질은 청소년들의 영혼을 사랑하는 마음이다. 본질을 품고 때를 얻든지 못 얻든지 복음을 전할 방법을 찾아야 한다.

"누가 우리를 그리스도의 사랑에서 끊으리요 환난이나 곤고나 박해나 기근이나 적신이나 위험이나 칼이랴"(롬 8:35).

그 무엇도 우리를 하나님의 사랑에서 끊을 수 없다. 코로나19로 청소년을 향한 하나님의 사랑이 끊어지지 않는다. 우리는 이 사실을 기억해야 한다. 하나님은 끊임없이 청소년을 사랑하고 계신다. 우리도 청소년을 향한 마음을 멈추지 않아야 한다.

스쿨처치 사역의 본질은 청소년들의 영혼을 향한 사랑이다. 이 본질을 기억하면서 사역의 방법을 찾는다면 팬데믹 상황을 충분히 극복할 수 있다고 믿는다.

# 변명이 아니라 방법 찾기

## 기도하며 방법 찾기

무엇을 시도하거나 새로운 것에 도전하려면 큰 용기가 필요하다. 한 번도 해보지 않은 일이기 때문에 어떻게 해야 할지 막막하고 두려움이 앞서기 때문이다. 새로운 일의 시작은 마음먹기에 달려 있을 때가 많다. 용기가 나지 않을 때는 어떻게든 변명을 찾지만, 어떻게든 해내겠다는 마음을 먹으면 끝내 방법을 찾아낸다.

"사람이 하고자 하면 방법을 찾고, 하지 않고자 하면 변명을 찾는다."라는 말이 있다. 우리는 위기를 만났을 때 극복할 방법보다 변명을 찾으려고 한다. 새로운 방법을 생각해내는 것보다 포기하는 것이 편하기 때문이다. 특히 코로나19 상황에서 "그냥 가만히 있는 게 상책이다", "코로나19 때문에 아무것도 할 수 없다"라고 말하며 더 이상 사역을 할 수 없는 이유만 내세웠었다.

다른 사역자들의 이야기가 아니다. 나도 사역할 방법은 찾지 않고 변명만 늘어놓고 있었다. 이대로 있다가는 사명을 잃어버릴 것 같았다. 그래서 기도하면서 스쿨처치 사역의 방법을 찾기 시작했다. 먼저 스쿨처치를 온택트로 전환하고, 비대면이면서 콘택트할 수 있는 방안을 구상했다.

중·고등학교와 캠퍼스의 복음화를 위해 개최했던 기독학생대회도 온라인으로 열었다. 2019년 처음 오프라인으로 모임을 했었지만, 2020년은 코로나19로 인해서 모이지 못했고, 2021년도 그냥 지나가면 대회가 사라질 것 같았다. 그래서 2021년에는 온라인으로라도 제2차 기독학생대회를 열어야겠다고 생각했다.

온라인이기 때문에 학생들의 참여율이 저조할 것이라고 예상했는데, 놀랍게도 정말 많은 학생이 참여했다. 2019년은 오프라인 모임으로 장소의 제한이 있어서 1,000명밖에 모이지 못했는데, 온라인으로 장소의 제한을 받지 않게 되자 2만 5,000명 이상이 참여했다.

만약 온라인으로 전환할 생각을 하지 못했다면 기독학생대회는 과거의 추억으로 남았을지도 모르지만, 문명의 도구를 잘 활용해 수많은 청소년을 만날 수 있었다.

### 스쿨처치는 지금도 계속되고 있다

오늘도 학생들에게 연락이 왔다. 비대면 상황에도 스쿨처치를 이어

가겠다는 내용이었다. 새롭게 스쿨처치를 시작해 보겠다는 연락도 왔다. 학생들이 상황을 이겨 내고 스쿨처치를 이어 가겠다는 믿음의 도전을 하고 있다.

SNS를 통해 여러 사역자가 스쿨처치 사역을 포기하지 않고 있는 모습도 발견했다. 어떤 사역자는 학생들의 등하교 시간에 맞춰 매일 학교 앞에 찾아가 학생들을 만나고 있었고, 또 다른 사역자는 방역 지침을 준수하며 학교에 방문해 예전과 크게 다를 바 없는 사역을 하고 있었다. 스쿨처치가 학교 안에 기독교 동아리로 존재하고 있기 때문에 가능한 일이지만, 정말 대단한 열정이다.

각 학교의 스쿨처치 인도자를 한자리에 모아 집회를 연 사역자도 있었다. 물론 사회적 거리 두기가 완화되었을 때 방역 지침을 준수해 진행했음을 밝힌다. 또 어떤 사역자는 학교의 기독교 교사들 모임을 인도하면서 그들에게 스쿨처치 비전을 제시해 주었다.

중요한 것은 코로나19 시대에도 많은 사람이 각자의 자리에서 스쿨처치를 세워 가고 있다는 것이다. 비대면 시기이기 때문에 아무 일도 못 할 것이라고 생각하지만, 결코 아니다. 하나님의 일하심은 우리의 생각을 뛰어넘는다. '코로나19 시대에 과연 스쿨처치가 가능할까? 누가 이러한 사역을 할 수 있을까?' 생각하지만 하나님은 지금도 일하고 계신다. 어떠한 상황에도 학교에서 예배자로 살아가게 하시며, 학교를 위해 기도하게 만드신다.

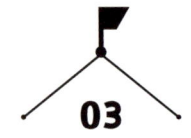

# 온택트 스쿨처치

  정부의 사회적 거리 두기 방침에 따라 스쿨처치 모임에 참여하는 학생들이 한자리에 모일 수 없게 되었다. 중학생들은 물론이고, 고등학교도 3학년 학생들만 매일 등교를 하고 다른 학년들은 교대로 등교하고 있다.

  학생들의 등교 상황에 맞춰서 스쿨처치도 '온택트(Ontact) 스쿨처치'로 전환하는 움직임이 일어나고 있다. 대면 접촉은 최소화하면서 아이들을 만날 최선의 방법을 택한 것이다. '온택트'는 코로나19 확산 상황이 장기화되면서 등장한 단어로, '비대면'을 일컫는 '언택트'(Untact)에 '온라인을 통한 외부와의 연결'을 뜻하는 '온'(On)을 합성한 단어다. 온택트 스쿨처치는 화상회의 플랫폼인 줌(Zoom)으로 스쿨처치 모임을 열어 청소년들을 응원하는 방식으로 진행했다.

  온택트 스쿨처치의 첫 모임은 경기도 수원에서 학교에 다니고 있는 고등학교 3학년 학생들과 가졌다. 코로나19 상황에도 학교에서 계속 스쿨처치 모임을 진행하고 있는데, 앞으로 어떻게 이어 나가야 할지 막막하다는 연락이 왔기 때문이다. 그동안 학생들끼리 모임을 이어 오느라 조금 지쳐 있고, 목회자의 설교를 통해 말씀을 공급받고 싶다고 했다. 그래서 온라인으로 아이들과 함께 예배하기 시작했다.

아침 8시, 학교 안에서 스쿨처치 기도 모임을 하기 위해 모인 학생들을 온라인으로 만났다. 30분 정도의 짧은 시간이었지만 온라인으로 함께 예배할 수 있어서 감사했다.

어쩌면 지금 코로나19로 인해 많은 스쿨처치가 어려움을 겪고 있거나 사라지고 있을지 모른다. 그러나 감사하게도 온라인으로 스쿨처치 모임을 이어 가겠다는 학생들의 연락이 계속오고 있다.

청주에 있는 학교에서 기도 모임을 하는 학생들에게도 연락이 와서 점심시간에 온라인으로 짧게 모임을 했다. 청년 한 명이 기숙사에서 기타를 치며 찬양 인도를 해주었고, 다른 대학교에 다니는 청년들이 함께 찬양하며 스쿨처치를 세워 가는 학생들을 격려해 주었다. 함께 스쿨처치를 섬기고 있는 간사도 학생들에게 말씀으로 힘을 주었다. 학생들은 각자의 자리에서 마스크를 쓰고 함께 찬양하며 예배했다.

학생들은 오랜만에 학교에서 찬양하며 예배할 수 있어서 좋았다며, 매주 금요일 점심시간마다 온라인으로 스쿨처치 모임을 하고 싶다고 했다. 그래서 이 학교는 매주 금요일에 온택트 스쿨처치 모임을 하기로 했다. 이렇게라도 학생들이 하나님을 찬양하며, 친구들과 선생님들을 위해 기도하려는 모습이 아름답다.

상황에 맞게 스쿨처치를 세워 가야 한다. 그렇다고 우리의 믿음을 타협하자는 말은 아니다. 남유다의 멸망으로 다니엘이 예루살렘에서 바벨론까지 끌려갔을 때의 모습을 떠올려 본다. 다니엘은 어떻게 믿음을 지키면서 생활해야 할지 많은 고민을 했을 것이다.

다니엘과 친구들은 이방신에게 바쳐졌던 왕의 음식을 먹어야 했지만 그들은 믿음을 지키기 위해 뜻을 정하여 왕의 음식을 먹지 않았다(단 1:8). 목숨이 위험한 결단이었음에도 그들은 두려워하지 않았.

한 가지 다행은 다니엘이 혼자가 아니라 3명의 친구와 함께 있었다는 것인데, 그나마 친구들과 함께하는 날도 오래가지 못했다. 어느 날 친구들은 각자의 역할에 따라서 여러 지역으로 흩어졌고, 바벨론이 멸망하면서 메대와 바사가 통치하는 시대가 되었다.

다니엘은 혼자 도성에 남아 자신을 시기하고 죽이려는 왕의 신하들로 인해 목숨을 부지하기 어려운 상황에 빠졌지만, 그래도 기도를 멈추지 않았다. 주변 상황에 개의치 않고 기도했다.

크리스천으로 살아가는 학생들에게 다니엘의 모습이 도전이 되면 좋겠다. 어떤 상황에서도 믿음을 버리지 않는 모습으로 살아가기를 소망한다.

때로는 다니엘처럼 함께 믿음을 지키던 친구들이 떠나가고 혼자 남게 될지도 모른다. 그래도 흔들려서는 안 된다. 혼자여도 하나님 앞에 약속한 시간을 지켜 내야 한다. 그래서 온택트 스쿨처치는 여러 명이 모여야 한다는 원칙을 세우지 않았다. 모임의 인원에 상관없이 믿음을 지키는 것이 중요하기 때문이다.

# 온택트 스쿨처치 연합기도회

　온택트 스쿨처치 연합기도회는 코로나19 시대에도 스쿨처치 모임을 이어 가고 있는 청소년들이 온라인으로 연합해 기도하는 모임이다. 각자의 학교에서 스쿨처치를 세워 가고 있는 청소년들이 온라인에서 모여 하나님을 찬양하고, 말씀과 간증을 듣고, 기도하면서 힘을 얻고 있다. 각자를 위한 기도뿐만 아니라 나라와 민족을 위해, 스쿨처치를 위해 기도하고 있다.

　온라인 모임은 시간과 공간을 초월해서 함께 찬양하고 기도할 수 있다는 장점이 있다. 부천, 사당, 분당, 동대문, 인천, 군산, 안양, 대전, 세종, 청주, 제주, 밀양, 부산 등 전국 각지에서 같은 시간에 함께 모여서 기도할 수 있었다. 전국에서 같은 시간에 모여서 기도할 수 있다는 것이 놀라웠다.

　아직 온라인이나 영상으로 소통하는 것을 어색해하는 어른들이 많지만, 아이들은 다르다. 새로운 환경에 빠르게 적응하고, 온라인 콘텐

츠의 활용 방법을 쉽게 터득한다. 온라인 환경에 익숙한 아이들은 거리낌 없이 연합기도회를 신청했고, 기도회가 진행되는 중에도 적극적으로 교제를 나누었다. 서로 대면으로 만난 적은 없지만, 신앙의 고민을 나누면서 끈끈한 관계를 쌓아 가고 있다.

첫 기도회 때 학생들에게 의견을 물었다. 스쿨처치 연합기도회를 이어 갈 의향이 있는지 질문했는데, 한 주에 두 번 정도 시간을 정해서 기도회를 이어 가고 싶다고 대답했다. 그래서 학생들의 의견에 따라 매주 화요일과 금요일 저녁 6시부터 30분 정도 스쿨처치 연합기도회를 하기로 했다.

기도회 순서는 간결하다. 찬양-말씀-기도 순으로 진행된다. 중간에 학생들의 간증이나 스쿨처치 사역자들의 메시지나 특별 게스트 초대 순서를 마련해 2021년 3월부터 6월까지 스쿨처치 연합기도회를 진행했다. 감사하게도 여러 찬양 사역자들과 목회자들이 연합기도회에 함께해 주었다.

이렇게 일정이 계획되고 사역자들을 초대할 수 있었던 이유는 학교에서 신앙을 고백하며 살아가기를 원하는 학생들의 간절한 소망 덕분이었다. 하나님은 학생들을 통해서 지금 이 시대에 필요한 일들을 하게 하셨다.

학교에서 혼자 스쿨처치를 세우기 위해 애쓰고 있는 학생이 있다면 다른 학교 학생들과 연합하여 기도해 보기를 추천한다. 서로를 위해 기도하면서 신앙의 고민을 나눌 수 있고, 하나님이 함께하고 계심도 깨달을 수 있다.

# 스쿨처치
## 온라이브(On-Live)

'스쿨처치 온라이브(On-Live)'는 온라인과 오프라인을 통해 기도 제목과 일상을 나누고 다양한 주제의 질문과 활동을 통해 교제를 나누는 소그룹 모임으로, 기독교 신앙을 가지고 있는 청소년이라면 누구나 참여할 수 있다.

'온택트 스쿨처치 연합기도회'가 이미 스쿨처치를 섬기고 있는 학생들이 모여서 기도하는 모임이라면, '스쿨처치 온라이브'는 학교에서도 크리스천으로 살아가기를 소망하는 모든 학생이 모여서 신앙을 키워가는 모임이다.

스쿨처치 온라이브는 학생들이 더 깊은 고민을 나누고 기도할 수 있도록 소그룹으로 모임을 운영하고, 학생들의 고민에 공감하고 신앙의 선배로서 조언해 줄 리더를 세우기로 했다.

SNS에 안내글을 게시하고 스쿨처치 온라이브에 참여하고 싶은 학생들의 신청을 받았는데, 전국 각지에서 50명의 학생이 모였다. 소그룹은 학생들이 언젠가 대면으로 만날 수 있는 상황이 올 것을 고려해 지역별로 구성했다. 학생들은 한 조에 4-5명으로 그룹을 만들었고, 리더는 청소년 사역팀 스탠드그라운드(STANDGROUND)를 함께 섬기고 있는 청년들로 각 조에 2명씩 세웠다. 모임 진행은 SNS에서 서로 얼굴을 보면서 대화할 수 있는 화상 플랫폼을 활용했다.

조별로 시간을 정해서 매달 2회 이상 모임을 하는 것을 규칙으로 정했고, 한 달에 한 개씩 조별로 수행해야 할 미션을 주었다. 조별 미션은 학생들이 서로를 통해 하나님의 사랑을 알아 가길 바라는 마음으로 '기도 제목 나누기', '마니또 게임하기', '성격 유형 검사 결과로 각자의 성격이나 기질 나누기' 등을 주었다.

스쿨처치 온라이브를 하면서 조장으로 섬겼던 청년 간사들이 작성한 보고서를 소개한다.

## 스탠드그라운드 학교 사역팀 온라인 모임 보고서

| | | | |
|---|---|---|---|
| 날짜/시간 | 2021.03.13.(토) 오후 9시~10시 30분 | 소통 매개 | 줌(Zoom) |
| 작성자 | 김예닮 | 담당 팀원 | 김예닮, 지정훈 |
| 참석자 명단 | 강인성, 김예닮, 김하은, 류호경, 지정훈, 홍찬영 | | |
| 소통 주제 | · 자기소개<br>· 오늘의 T.M.I.<br>· 성격 유형 검사<br>· 학교에 스쿨처치가 있다면 어떻게 진행하는지<br>· 새 학기에는 스쿨처치를 어떻게 진행할 계획인지 | | |
| 기도 제목 | · 인성: 취업을 해서 일을 열심히 하고 원하는 목표를 이룰 수 있기를<br>· 예닮: 하나님만이 가득한 사람이 되기를, 선한 파동을 일으키는 사람이 되기를, 사역의 도구로 쓰임 받아 나로 인해 교회가 긍정적으로 변화되기를<br>· 하은: 스쿨처치를 세우겠다고 선생님께 말씀드리러 가는데 하나님이 함께해 주시기를<br>· 호경: 하나님의 뜻대로 살아갈 수 있도록, 준비하는 사역이 잘 마무리될 수 있기를<br>· 정훈: 하나님과 더욱 가까워질 수 있는 내가 되기를<br>· 찬영: 하나님만 의지하는 내가 되기를 | | |
| 느낀 점 | 작년과 달리 올해 모임은 스쿨처치에 관한 이야기를 많이 나눴는데, 친구들이 학교에서 얼마나 귀한 예배자로 살아가고 있는지 알게 되었다. 학생들의 신앙이 정말 예쁘다. 학생들이 자신의 학교에서 친구들에게 복음을 전하는 사역의 도구로 쓰임 받으면 좋겠다. "우리 조 친구들아, 아주 많이 아끼고 사랑해." | | |

## 스탠드그라운드 학교 사역팀 온라인 모임 보고서

| 날짜/시간 | 2021.03.15.(월) 오후 10시~11시 30분 | 소통 매개 | 줌(Zoom) |
|---|---|---|---|
| 작성자 | 박동훈 | 담당 팀원 | 박동훈 |
| 참석자 명단 | 박동훈, 박은수, 오인서, 이우혁, 조세빈, 조은수 | | |
| 소통 주제 | · 자기소개<br>· 본인이 가장 좋아하는 찬양과 숨어 있는 좋은 찬양 소개<br>· 하나님을 믿게 된 계기<br>· 자신의 스쿨처치 소개<br>· 기도 제목 나눔 | | |
| 기도 제목 | · 동훈: 교회의 많은 사역을 담당하는데, 힘들지만 기쁨으로 감당하며 지치지 않기를<br>· 은수: 이웃의 영혼을 사랑하는 마음이 생길 수 있기를, 신앙생활의 편안함에 나태해지지 않고 주어진 일에 최선을 다할 수 있기를<br>· 인서: 고등학교 적응이 어려운데 적응을 잘할 수 있기를, 교회 친구들이 잃어버린 신앙을 되찾아 함께 하나님을 예배할 수 있기를<br>· 우혁: 3월, 6월 모의고사를 잘 준비할 수 있기를, 죄와 타협하는 모습이 있는데 하나님 앞에 진실한 모습으로 살아갈 수 있기를<br>· 세빈: 신학과에 진학하고 하나님과 약속한 3가지를 지킬 수 있기를, 다른 학교와 연합하여 만드는 기독교 모임에서 오직 하나님만 드러나시기를<br>· 은수: 학교에서 큐티 모임을 같이 할 친구들을 만날 수 있기를, 이단에 빠진 친구가 참 진리이신 예수님을 알 수 있기를 | | |
| 느낀 점 | 혼자 5명의 청소년을 맡게 되어서 부담도 되고, 어떻게 진행해야 할지 걱정도 되었는데 굉장히 활발하고 이야기도 잘하는 친구들을 만나게 해주셔서 감사하다. 서로를 소개하고 이야기를 나누며 어색함이 금방 풀렸다.<br>5명의 친구 중에서 3명의 학교에 아직 기도 모임이 없다고 한다. 3명의 친구가 이번 온라이브를 통해서 하나님을 사랑하는 마음이 더 깊어지고, 학교에서도 기도하는 시간을 가질 수 있게 되면 좋겠다. | | |

# 스쿨처치 랜선 집회

보길도라는 곳은 전라남도 해남군 땅끝항에서 30분 더 배를 타고 들어가야 하는 곳이다. 서울에서 보길도까지 가려면 편도만 6-7시간이 걸린다. 시간이 오래 걸림에도 그 먼 땅까지 가게 된 이유는 스쿨처치가 있기 때문이다.

원래 전라남도 강진에서 목회하면서 스쿨처치를 섬기던 목사님이 보길도에 담임목회자로 가셨다. 그리고 그곳에서도 스쿨처치 사역을 시작하셨다. 3개의 학교에 스쿨처치를 세우고 사역을 이어 가셨는데, 어느 곳이나 마찬가지겠지만 코로나19로 인해 어려움이 생겼다. 학교 정문 앞이나 근처 우체국 앞에서 잠시라도 모여 예배하고 기도하는 학생들이 있었는데, 학교의 권고로 대면 모임이 어려워지면서 2020년부터 힘겹게 스쿨처치가 유지되고 있었다.

전에도 보길도 스쿨처치의 어려운 상황을 듣고 찬양 사역자들과 한 차례 방문한 적이 있었다. 그리고 한 번 더 들르겠다고 약속했었는데 코로나19 상황으로 못 가고 있다가 2021년 2월 20일 기독학생대회 온라인 집회를 준비하면서 다시 한 번 보길도에 방문하게 되었다.

원래는 찬양 사역자들과 함께 방문할 계획이었으나, 정부의 5인 이상 집합 금지 방역 수칙 때문에 많은 인원이 방문할 수 없었다. 그렇다고 집회를 취소할 수는 없었다. 함께 예배드리기를 기다리는 아이들이 있었기 때문이다. 결국 보길도에서 스쿨처치 사역을 하고 계신 목사님과 찬양 사역자들과 논의를 거쳐 랜선 집회를 열기로 했다.

찬양팀은 찬양팀이 있는 장소에서 카메라를 켜고 찬양을 인도했고, 설교자는 설교자가 있는 장소에서 카메라를 통해 말씀을 전했다. 아이들은 각자의 집에서 온라인으로 캠프에 참여했다.

랜선 집회의 열기는 뜨거웠다. 많은 학생이 섬까지 찾아와서 집회를 열어 주어 감동이라는 말을 전했고, 오프라인으로 집회에 참여하고 싶다며 강풍이 불고 눈이 내리는 날씨에도 30분을 걸어서 집회 장소에 온 학생도 있었다. 이 학생에게는 방역 지침을 준수하며 참석할 수 있는 방안을 마련해 주었다.

심지어 다른 섬에 있는 학생들도 참여하고 싶다며 온라인으로 함께 했다. 소안도에서 랜선 집회에 참여한 한 학생은 하나님을 찬양할 수 있어서 감사하다는 마음을 전했다. 또한 학교에서도 신앙생활을 유지하는 데 힘을 얻고 후배들에게 복음을 전하는 통로가 될 수 있도록 랜선 집회를 지속해 달라고 요청했다.

처음 랜선 집회를 열었던 보길도 집회를 통해 예배에 갈급한 학생들이 있다는 것을 확인할 수 있었다. 이를 계기로 랜선 집회를 점점 발전

시켜 가는 중이다. 랜선 집회는 학생들의 신앙을 다져 주고 다음 세대에 복음을 전하는 효과적인 수단이 될 것이다.

코로나19 유행이 장기화되면서 신앙생활에서 멀어지는 아이들도 있지만, 반대로 예전과 다르게 더 열심히 신앙생활을 하려는 아이들도 있다. 모여서 예배할 수 없고, 이전처럼 마스크를 벗고 뜨겁게 찬양하거나 기도할 수 없는 현실을 겪으면서 자유롭게 하나님을 예배했던 순간들이 얼마나 좋은 시절이었는지 깨닫게 된 것이다. 아이들은 "예배하고 싶다", "뛰면서 찬양하고 싶다", "눈물 흘리며 기도하고 싶다"고 고백한다.

건강할 때는 건강의 소중함을 모르다가 건강을 잃을 때 건강의 소중함을 알듯이, 연애하다가 이별을 경험하고 나서 지나간 사랑의 소중함을 깨닫듯이, 부모님이 아프시거나 돌아가시고 난 뒤 더 잘해 드리지 못한 것을 후회하듯이, 신앙생활에도 비슷한 반응이 나타나고 있다. 당연하게 모여서 예배를 드렸던 때가 우리에게 소중한 시간이었다는 것을 이제야 깨닫고 있다.

# 온라인 심방 오픈 채팅

코로나19로 인해 대면 예배가 어려워지면서 많은 청소년이 신앙을 잃어버리고 있다고 한다. 그러나 모든 청소년이 신앙을 잃지는 않았다. 삶에서 신앙을 고백하며, 고백한 대로 살아가고자 노력하는 학생도 많이 있다. 우리는 사역자로서 이러한 학생들을 올바른 신앙의 길로 인도해야 할 의무가 있다.

대면 만남으로 심방을 하면서 학생들을 지도하라는 말은 아니다. 불과 2년 전이었다면 오프라인으로 심방을 하며 학생들에게 신앙 상담을 해주었겠지만, 오늘날에는 심방에도 새로운 방법이 필요하다.

온라인으로 소통해야 하는 상황에서 청소년들의 심방을 어떻게 해야 할지 고민을 많이 했다. 그리고 고민 끝에 크리스천 청소년들을 온라인으로 심방할 수 있는 오픈 채팅방을 만들었다. 이 채팅방에는 청소년의 고민을 들어줄 사역자들과 청년들이 항시 대기하고 있다. 이름은 '청소년 신앙나눔방'으로, 청소년이라면 누구나 참여할 수 있다.

이 채팅방에는 다양한 고민을 가진 청소년들이 찾아온다. 학생들은 친구 관계의 어려움, 왕따, 이성 문제, 교회 선택 문제 등 크고 작은 어려움을 털어놓는다. 고민을 들은 사역자들과 청년들은 학생들의 마음을 위로해 주고 성경적으로 고민을 해결할 수 있도록 도와주고 있다. 그뿐만 아니라 채팅방에 있는 또래 친구들도 고민에 공감을 해준다. 사역자와 청년들이 위로해 주는 것보다 또래 친구들에게 받는 위로가 학생들에게 더 큰 도움이 되는 것 같다.

오픈 채팅방은 누구나 참여할 수 있기 때문에 참여하는 사람의 개인 정보를 파악하는 것이 중요하다. 채팅방에 참여하기 위해서는 실명과 함께 SNS를 가입할 때 사용한 정보를 모두 공개해야 한다. 방장의 권한으로 채팅에 참여하는 사람들이 개인적으로 연락할 수 없도록 설정도 해두었다. 불순한 의도를 가진 사람들에 의해 채팅방의 본질이 훼손되지 않게 미리 조치를 취해 둔 것이다. 이단이 들어와서 포교 활동을 시도하는 경우도 있었지만 방장의 권한으로 바로 강제 퇴장을 시켰다.

누구나 채팅방에 참여할 수 있다는 점이 큰 장점이기도 하지만 아무나 참여할 수 있기 때문에 세밀하게 신경 쓰며 채팅방을 관리해야 한다. 관리에 대한 부담을 잘 감당하면 학생들이 마음 놓고 고민을 나누는 장을 열어 줄 수 있다.

'청소년 신앙나눔방'은 요일마다 주제를 정해서 운영한다. 스쿨처치에서 요일마다 모임 주제를 정해서 진행하듯이, 월요일에는 전날 들은 주일 설교를 나누고, 화요일에는 삶의 간증을 나누고, 수요일에는 찬양 예배를 드리고, 목요일에는 말씀을 묵상하고, 금요일에는 기도 제목을 나누며 함께 기도한다. 이런 방법으로 심방을 진행했더니 매일 다른 이야기를 할 수 있고 다양한 신앙의 고민을 공유할 수 있었다.

오픈 채팅으로 심방을 하면서 청소년들에게 왜 이 채팅방에 들어오게 되었는지 물어보았다.

"가장 큰 이유는 코로나19로 인해 교회에서 또래들과 교제가 불가능해졌기 때문이에요."

"교회에서 선생님들이 챙겨 주시고 잘해 주시지만, 신앙생활에 관한 고민을 나눌 친구들이 없어서 아쉬웠어요. 그래서 검색하다가 들어왔어요."

"우리 교회는 작은 교회는 아닌데요, 믿음이 있는 친구들에게 신앙에 관한 이야기를 했더니 '꼭 그런 이야기를 해야 해?' 하며 대화하기를 좋아하지 않더라고요. 그래서 찾아왔어요."

"코로나19로 인해서 대면 예배에 1년 가까이 참석하지 못했고 부모님이 밖에 나가는 걸 허락하지 않으셔서 대화할 수 있는 교회 친구가 하나도 없는 지경이 되었어요. 그래서 신앙에 관한 이야기를 하기 위해 들어왔어요."

"코로나19로 또래와 신앙적인 이야기를 할 기회가 많이 없어졌어요. 그래서 청소년들과 이야기할 방법을 찾다가 들어왔어요."

"교회가 시골에 있어서 중·고등부도 없고, 신앙을 나눌 친구가 교회에 단 한 명도 없어요. 학교에 있던 기독교 동아리도 사라져서 힘들어하다가 채팅에 참여하게 되었어요."

교회에 갈 수 없고 신앙을 잃어 가는 친구들이 늘어나는 상황에서도 신앙생활을 하기 위해 채팅방을 찾아오는 학생들이 있다. 어떻게 하면 하나님의 말씀을 따라 살 수 있을지, 어떻게 하면 하나님께 받은 사랑을 친구들에게 잘 나누어 줄 수 있을지 고민하는 선한 마음을 가진 학생들이다.

오프라인으로 만날 수 없지만 이렇게 온라인 채팅방을 활용해서 아이들의 신앙생활을 응원할 수 있다니, 참 감사하다. 청소년들이 온라인으로라도 신앙의 고민을 해결하고 삶의 모든 자리에서 신앙을 지킬 수 있기를 바란다.

# 08

# 기회를 잡기 위해 준비하는 시간

마태복음 25장의 비유는 우리에게 중요한 교훈을 준다. 혼인 잔치에 주인공인 신랑을 맞으러 나간 10명의 처녀가 있었다. 그중 슬기로운 처녀 5명은 등불과 함께 기름도 준비했으나, 어리석은 처녀 5명은 등불만 마련하고 여분의 기름을 준비하지 않았다.

그런데 신랑의 도착이 늦어지는 것 아닌가. 기름을 마련해 둔 슬기로운 처녀 5명은 등불을 밝히며 신랑을 맞이할 수 있었지만, 등만 준비한 어리석은 처녀 5명은 신랑을 맞이하지 못했다. 부족한 기름을 사러 간 사이에 신랑이 도착했기 때문이다. 신랑과 슬기로운 처녀들은 혼인 잔치에 들어갔고, 잔칫집 문은 닫혀 버렸다. 어리석은 처녀들은 뒤늦게 문을 열어 달라고 애원했지만 신랑은 어리석은 처녀들을 받아 주지 않았다.

코로나19로 인해서 예전과 같은 방법으로 스쿨처치를 이어 갈 수 없다고 아무 일도 하지 않아도 되는가? 절대 아니다. 지금은 준비해야 하는 시간이다. 슬기로운 처녀들이 등과 기름을 준비한 덕분에 신랑을 맞이할 수 있었던 것처럼 코로나19가 잠잠해진 뒤 우리에게 올 기회를 잡기 위해 준비해야 한다. 아이들과 대면하는 시간이 줄었기 때문에 분명히 시간이 여유로워졌다. 따라서 우리는 이 시간을 잘 활용하며 스쿨처치 사역을 위해 준비해야 한다. 무엇을 준비해야 하는가?

첫째, 기도하면서 하나님의 때를 기다릴 필요가 있다. 누누이 강조하지만, 학교 사역은 영적인 전쟁터다. 엄청난 기도가 필요하다. 지금이야말로 영적인 싸움에 집중해야 할 기도의 시간이다.

둘째, 주변 학교들에 대해 깊이 파악해야 한다. 학교에 크리스천 교사가 있는지 확인하고, 그 학교에 들어갈 방법을 알아봐야 한다. 자율동아리를 만들어서 기독교 동아리로 활동하는 방법이 가장 좋다. 무엇보다도 믿음이 있는 학생들을 파악해 구심점을 만들 필요가 있다.

셋째, 그 학교에 스쿨처치를 세울 수 있는 전략을 준비해야 한다. 그동안 방문하지 못했던 학교들에 대한 파악이 끝났다면, 학교 방문을 가능하게 할 다양한 방법을 모색해야 한다. 다른 학교를 방문할 수 있었던 방법을 적용해 봐도 좋다. 혹시 학교 내부에서 스쿨처치 모임을 할 수 있는 여건이 안 된다면 학교 밖에서라도 모일 수 있는 장소를 미리 물색하고 준비해야 한다.

넷째, 스쿨처치 사역에 함께할 동역자를 찾아야 한다. 스쿨처치 사역은 지역 교회에서 할 수도 있고, 지역 교회들이 연합해서 할 수도 있다. 또한 선교단체와 함께할 수도 있다. 사역은 여럿이 함께할수록 좋고 힘도 나기 때문에 동역자를 만나게 해달라고 기도하는 시간을 가지길 권한다.

스쿨처치는 특정 기간에만 하고, 특정 때에는 할 수 없는 사역이 아니다. 우리 청소년들이 가장 오랜 시간 머무는 장소인 학교에서 크리스천으로 살아가도록 언제든 도와야 한다. 코로나19로 인해 우리의 심리는 위축될 수 있지만, 우리의 영적인 활동이 약해져서는 안 된다. 오히려 지금을 준비하는 기회로 삼아야 한다.

'위기'(危機)라는 말의 의미를 아는가? 우리는 위험한 상황이나 해결할 수 없는 문제에 봉착했을 때를 일컬어 위기라고 하는데, 위기라는 단어는 두 한자 '위험할 위'(危)와 '기회 기'(機)가 결합한 단어다. 위기는 단순히 위험한 상황이 아니라 기회이기도 하다는 뜻이다. 지금 우리가 직면한 위기는 기회다. 위기 속에 '위험'만이 아니라 '기회'가 있음을 명심 또 명심하자.

 SCHOOL CHURCH

## 나에게 스쿨처치란 '우리'다

**– 김하은** (인천○○고등학교 스쿨처치 예배자)

    스쿨처치를 했던 모든 순간을 '여정'이라고 표현하고 싶습니다. 그 여정은 제가 고등학교를 입학할 때부터 시작되었습니다. 저는 집에서도 가깝고 기도회가 있는 학교에 가고 싶었지만, 집에서도 멀고 기도회도 없는 학교에 입학했습니다. 그래서 상심한 마음으로 학교를 두고 기도했습니다.

    그때 "내가 또 주의 목소리를 들으니 주께서 이르시되 내가 누구를 보내며 누가 우리를 위하여 갈꼬 하시니 그때에 내가 이르되 내가 여기 있나이다 나를 보내소서 하였더니"라는 이사야 6장 8절 말씀이 깊이 묵상되었습니다. 그래서 '내가 우리 학교에 스쿨처치를 세워야겠다'라고 다짐했습니다.

    그러나 각오와 달리 학교에 적응하기 바빠 스쿨처치를 시작도 하지 못했습니다. 그리고 하나님께 모든 것을 맡겨 드린다고 길을 열어 달라고 기도했습니다. 기도했더니 스쿨처치를 위한 걸음이 걸어지기 시작했습니다. 중간중간 무너질 때도 있었지만, 친구 한 명과 단둘이 예배드리는 시간도 있었지만, 돌아보니 "하나님이 다 하셨습니다!"라고 고백할 수밖에 없는 스쿨처치 여정이었습니다.

이 여정은 코로나19가 발생한 2020년에도 계속되었습니다. 1학기가 끝나갈 때까지도 아무 일도 할 수 없다고 생각하며 포기한 상태였고, 이미 스쿨처치에 대한 마음은 코로나19라는 걱정과 삶의 여러 고민으로 가려져 있었습니다. '학교에서 기도하는 게 스쿨처치인데 학교에 못 가니 무엇을 할 수 있겠어'라며 학교와 학교 친구들을 위해 기도하지 않는 제 모습을 합리화하고 있었습니다.

그런데 1학기 말쯤 교회에 같이 다니고 있는 오빠 한 명에게 "다른 학교와 연합해서 온라인으로 학교 기도회를 할 계획인데 너희 학교도 함께하지 않겠니?"라고 연락이 왔습니다. 처음에는 귀찮기도 하고 친구들이 함께해 주지 않을 것 같아서 걱정도 되었지만 기도하면서 연합기도회를 준비하기 시작했습니다.

시작은 했지만, 홍보하면서 예배에 참석할 학교를 모으는 일부터 예배를 준비하는 일까지 모든 것이 어려웠습니다. 우리 학교 친구들이 아무도 함께해 주지 않는 것 같고, 메시지를 보내도 답이 없어서 저만 연합기도회를 위해 발버둥 치는 것 같아 마음이 많이 무너졌습니다. 하지만 포기하지 않고 친구들 한 명, 한 명을 위해 기도하는 시간을 가졌습니다.

그러나 더 힘들었던 일은 따로 있습니다. 지역 학교에 연합기도회를 드리자고 연락했더니 기도 모임이 사라졌다는 학교가 많았습니다. 코로나19로 인해 많은 학교의 스쿨처치가 무너졌고, 많은 학생의 신앙생활이 흔들리는 상태라니 정말 안타까웠습니다. 그래서 눈물을 흘리며 더 열심히 기도로 준비했습니다.

준비하는 친구들과 묵상 키트로 하루하루 사도행전을 묵상하는 시간을 가졌습니다. 묵상한 내용을 나누지는 못했지만 같은 말씀을 보고, 묵상하고, 기도할 수 있음에 감사했습니다. 각자의 삶 속에서 자신이 교회이고, 우리 한 명, 한 명이 모여서 우리 학교에 교회가 세워졌다는 사실을 깨닫는 시간과 우리가 학교예배자라는 것을 다시 한 번 결단하는 시간이었습니다.

온라인으로 연합기도회를 준비하면서, 코로나19 상황에서도 우리가 학교예배자라는 사실은 변하지 않는다는 것을 몸소 느낄 수 있었습니다. 학교에서 다 같이 모여서 기도하는 것도 스쿨처치이지만 또 다른 형태의 스쿨처치를 세울 수 있음을 깨닫게 되었습니다. 각자의 자리에서 말씀을 묵상하고 한마음으로 학교를 위해, 학교 친구들을 위해 함께 기도하는 스쿨처치도 은혜로웠습니다.

제가 중학생 때 교회 전도사님이 언제나 삶으로 예배해야 한다고 강조하셨습니다. 그런데 그 당시에는 '주일이나 수요일에 교회에서 드리는 게 예배가 아닌가?', '내 삶이 어떻게 예배가 된다는 말이지?' 하며 그 말을 이해하지 못했습니다.

그래도 전도사님이 강조하시니 '기도라도 해야겠다'라고 생각하며 하나님께 삶으로 예배드리는 사람이 되게 해달라고 기도했는데, 지나고 보니 하나님은 학교 기도회 스쿨처치로 기도에 응답해 주신 것 같습니다. 제 삶의 대부분을 보내는 학교에서 스쿨처치를 하면서 제 일상이 하나님을 예배하고 있었습니다.

 코로나19에도, 어떤 상황이 와도, 우리가 학교예배자라는 사실은 변하지 않는다는 사실을 기억하면 좋겠습니다. 그리고 우리의 일상이 예배가 되길 기도합니다.

# Part 4

## 주인공은 학생,
## 사역자는 조연

SCHOOL CHURCH

아이들을 연약하게만 보고
모든 것을 해결해 줘야 한다고 생각하지 말라
하나님이 아이들을 돌보고 계신다.
하나님은 까마귀를 동원해서라도
학생들의 필요를 채워 주실 것이다.

**스쿨처치 사역 노하우**
_ 나도움, 이정현 목사

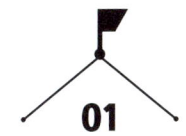

# 아이들이 아니라 예배자다

어느 전도사님에게 문의가 왔다.

"어떻게 하면 학교 사역을 시작할 수 있나요? 중·고등학교에서 사역하고 싶은데요, 정당한 절차를 밟고 학교에 들어갈 방법이 있나요?"

총신대학교 신학대학원에서 공부하는 학생이었다. 수강하는 목회학 수업에서 송태근 목사님의 소개로 스쿨처치 사역을 알게 되었다고 했다. 대선배이자 존경하는 목회자이신 목사님이 학교 사역에 대해 언급해 주셨다는 사실만으로도 놀라웠다. 전도사님은 강의 내용을 다음과 같이 요약해 주었다.

"이제 단순히 학생들을 교회로 데려와서 전도하는 시대는 지났다. 삼일교회는 주일에 모여 중·고등부 학생들과 예배를 드리고 있지만, 학교에 찾아가서 학생들과 하나님을 예배하고 섬기는 일도 감당하고 있다. 이제는 지역 교회 목회자들이 이런 사역도 고민해야 하는 시대가 되었다."

전도사님은 이 강의를 듣고 스쿨처치 사역에 관심이 생겼다고 했다. 스쿨처치가 조금씩 알려지고 사역에 참여하는 교회와 단체들이 늘어나면서 호기심과 궁금증을 가지고 연락하시는 분들이 많아졌다. 바람직한 현상이다.

우리나라에 있는 모든 학교에 스쿨처치를 세우는 일을 몇 명의 힘만으로는 다 감당할 수 없다. 아주 큰 규모의 사역이기 때문에 많은 일꾼이 필요하다. 그러나 스쿨처치 사역은 좋은 동기와 열정만을 가지고 성공적으로 수행해 낼 수 있는 사역이 아니다. 학교와 교사와 학생에 대한 기본적인 이해가 필요하고, 앞서 그 길을 걸어간 이들의 성공 사례와 실패 사례를 통해 배우는 것이 바람직하다.

자주 받는 질문 중 하나는 "일반 학교에서 스쿨처치 사역을 할 수 있나요?"이다. 기독교 학교가 아닌데 학교에서 예배하고 기도 모임을 하는 일이 가능한지 궁금해하시는 분들이 많다. 나는 가능하다고 답해 드린다. 어려울 수는 있지만 불가능하지는 않다.

그렇다고 급하게 생각하면 안 된다. 일단 정식적인 절차를 밟고 학교에 들어가기 어렵다는 사실부터 받아들여야 한다. 학교 입장에서 사역자는 어디까지나 외부인이기 때문이다. 무턱대고 학교의 장벽을 뚫고 방문하려고 하다가는 낭패를 볼 수 있다.

학교 방문을 시도하는 과정에서 과하게 고집을 부려 학교 관계자들과 충돌하지 않도록 주의해야 한다. 만약 관계자들과 부딪칠 경우 단순히 자신의 사역 실패로 끝나지 않는다. 후에 스쿨처치 사역이 재개될 수 있는 가능성마저도 닫아 버린다.

그렇다면 이 문제를 어떻게 해결해야 할까? 결론부터 말하자면, 학교에서 주체적인 학생들이 스쿨처치를 세우고 이끌어 나가도록 돕는 것이 해답이다. 학생들을 만나서 스쿨처치 사역에 대해 소개하고 동기부여를 하며 "너희 학교에서도 스쿨처치 사역을 해보는 것이 어때?"라고 권유하는 일로 시작해 보자.

외부인이 아니라 학생들이 스쿨처치 사역을 주도하면 스쿨처치가 세워질 가능성이 훨씬 커진다. 결국 학생들의 '자발성'이 핵심이자 관건이다. 사역자의 역할은 학생들이 사역을 해낼 수 있도록 독려하고 응원하는 데 있다.

강원도 원주에서 19년째 사역을 하는 '청소년선교단체 다윗세대'에 방문했을 때 사역자들과 이 부분에 관해서 이야기를 나눈 적이 있다. 선교회에서 사역하는 간사님들도 자발성을 대단히 중요하게 생각하고 있었다. 한 분은 학생들이 스쿨처치 사역을 하다가 어려움이 생기면 간사를 의존하려는 경향이 강하게 나타나는데, 그럴 때일수록 학생들의 자발성을 길러줘야 한다고 피드백을 해주셨다.

물론 학생들의 힘으로만 스쿨처치 모임을 운영하고 유지하면 학생들이 지치는 시기가 오기도 한다. 그래서 돕는 손길이 되어 줄 내부 조력자 학교 선생님이 필요하고, 가능하다면 외부의 사역자나 교회와 연계되면 좋다. 건강한 스쿨처치는 이런 관계들이 잘 세워져 있다. 이같은 자연스러운 연결을 통해 외부 사역자가 학교 안으로 들어갈 수 있는 길이 열린다.

이런 방식은 선교 역사에서 결코 낯설지 않다. 과거 황무지와 같던 한국 땅에 찾아와 개척한 선교사들은 '네비우스 선교 정책'이라는 방식을 취했고, 결과적으로 큰 성공을 거두었다. 오늘날 학교라는 복음의 불모지를 공략하는 데도 이 전략이 대단히 합리적이며 효과적이라고 확신한다.

미국인 선교사인 언더우드(Horace Grant Underwood, 1859-1916)는 1885년 4월 5일 인천에 도착해 한국에서 사역을 시작했다. 정부의 선교금지령이 거두어지기를 기다리며 이국땅에서 고군분투하던 언더우드는 '어떻게 해야 효과적으로 복음을 전할 수 있을까? 어떻게 해야 복음의 불모지에 교회를 바르게 세울 수 있을까?'를 고민했다. 언더우드뿐 아니라 한국에 주재하던 선교사들 대부분이 젊고 경험이 부족했다. 그들에게는 노련한 조언자가 필요했다.

마침 이웃 나라 중국에서 존 네비우스(John Nevius, 1829-1893) 선교사가 활동하는 중이었다. 네비우스 선교사는 언더우드가 파송받은 미국 북장로교에서 파송된 선교사였다.

언더우드는 20년 이상을 중국에서 사역하며 풍부한 노하우를 갖춘 대선배 네비우스에게 선교 전략을 배우고 싶었다. 그래서 네비우스를 한국으로 초청했다. 1890년 네비우스 선교사는 안식년으로 귀국하던 길에 마침내 한국에 들러 열흘간 머물렀다.

네비우스는 한국에서 선교사들을 만나 자신의 경험을 바탕으로 세운 '네비우스 선교 정책'을 제안했고, 이 정책은 미국 북장로교 선교부뿐 아니라 다른 선교부에도 영향을 미쳐 이후 한국 선교 전반에 중요한 지침이 되었다. 네비우스의 선교 정책은 '자치'(自治), '자전'(自傳), '자립'(自立)으로 '3자 원칙'이라고 불리며, 그 요지는 다음과 같다.

첫째, 교회의 운영과 기구 조직을 그 교회 자체가 능히 감당할 수 있는 범위 안에서 기획·실천하여 발전을 기하도록 하여야 한다(자치).

둘째, 교회의 전도 사업을 감당할 만한 인물이 나오거나 재정을 지원할 수 있는 유자격자가 생기면 그들을 선임하여 교회의 지도 일꾼으로 세워 육성한다(자전 및 현지인 리더 양성).

셋째, 교회당 건축은 가급적 그 교인들의 힘으로 하게 하되, 건축의 구조나 모양은 한국 고유의 양식으로 혹은 지방의 교회답게 건축하도록 유의한다(자립).

네비우스 선교 정책의 핵심이자 궁극적인 목표는 선교지에서 독립적이고, 자립적이며, 진취적인 교회들을 세우는 것이었다. 특히 선교지 교회들의 자립 능력을 강조해 외국 선교부의 도움이 없어도 사역이 이루어지게 하는 데 초점을 두었다.

선교 초기 한국 교회는 우리 사회에서 강력한 영향력을 발휘했고, 전 세계 어디에서도 유례를 찾기 힘든 폭발적 성장을 했다. 한국 교회의 폭발적 성장에는 선교 초기의 네비우스 선교 정책이 적지 않은 영향을 끼쳤다는 것이 교회 역사가들의 대체적인 평가다.

네비우스 선교 정책에서 말하는 자치, 자전, 자립의 기본은 자발성에 있다. 자발성을 바탕으로 한국 교회는 비교적 짧은 기간 전국 방방 곡곡에 복음을 전파할 수 있었고, 뿌리를 내리는 데 성공했다.

나는 같은 원리를 다른 분야의 선교 사역에도 적용할 수 있으며, 특히 오늘날 학교 사역에 네비우스 선교 정책이 반드시 도입되어야 한다고 생각한다. 현재 학교 사역의 환경은 선교 초기 한국의 환경과 크게 다르지 않다. 따라서 동일한 선교적 접근이 필요하다고 보는 것이다.

'학교 안에 교회를 세우는' 스쿨처치 사역도 학생들이 각자의 학교에서 자발적으로 예배(기도) 모임을 세워 가야 한다. 한눈에 보아도 알 수 있듯이, 학생들의 주도성(자발성)이 대단히 강조된다. 어른들은 어디까지나 조연의 역할에 그쳐야 한다. 주인공은 학생들이 되어야 한다.

아이들을 연약하게만 보고 모든 것을 해결해 줘야 한다고 생각하지 말라. 하나님이 아이들을 돌보고 계신다. 하나님은 까마귀를 동원해서라도 학생들의 필요를 채워 주실 것이다. 엘리야가 죽음을 무릅쓰고 아합왕에게 예언하고 그릿 시냇가에 숨어 있을 때 하나님이 까마귀를 통해 엘리야를 먹이셨던 것처럼 말이다. 하나님의 권능을 신뢰하자. 그리고 아이들이 보여 줄 힘을 믿자.

# 혼자 할 수 없는 사역

"한 사람이면 패하겠거니와 두 사람이면 맞설 수 있나니 세 겹 줄은 쉽게 끊어지지 아니하느니라"(전 4:12)는 구절은 모든 복음 사역자가 금과옥조처럼 여겨야 할 말씀이다. 스쿨처치도 마찬가지다. 혼자 감당하기보다는 팀으로 사역하는 것이 훨씬 효과적이다.

드림교회 청소년부는 매일 학교 방문을 한다. 교역자와 담당 교사들이 미리 정한 목록을 따라 매주 화요일부터 금요일까지 점심시간에 학교에 찾아간다.

청소년부 학생들이 다니는 학교의 숫자는 대략 40여 개다. 가까운 군산 시내의 학교들이 대부분이지만, 멀리는 전주, 논산, 고창까지 펼쳐져 있다. 학교 방문은 청소년부의 가장 중요한 주중 사역이다. 이 사역을 위해서 많은 준비가 필요하며, 그렇기 때문에 여러 사람이 동역해야 한다.

먼저, 학교마다 학년별 대표 학생들을 세우는 일은 행정팀이 맡는다. 학년별 대표 학생은 평소 성실하게 학업에 임하고 있는 학생으로 세우는 것이 좋다. 모범적인 생활 태도로 담임선생님뿐 아니라 교장 선생님, 교감 선생님, 학생주임 선생님 등 학교 책임자들의 인정을 받고 있으며, 그들과 좋은 관계를 유지하고 있는 학생이라면 더 좋다. 선생님들의 신임이 모임 장소 허락을 받아 내고, 교회 학생들을 모으는 역할을 담당하기에 유리하기 때문이다.

방문할 학교를 정하고, 전체 방문 일정을 잡는 일도 행정팀의 역할이다. 일정이 세워지면 청소년부 담당 교역자는 주일예배 시간에 학교 방문 일정을 광고해 학생들이 미리 만남을 준비하게 한다. 청소년부 각 반 교사들도 해당 학교에 다니는 학생들에게 개별적으로 연락해 만남에 참여하도록 권유한다.

학교 방문에 전도팀도 동참한다. 전도팀은 담당 교사들과 함께 학생들에게 나누어 줄 간식을 준비하고, 정해진 날에 교역자를 따라 학교에 찾아가 함께 학생들을 만나는 역할을 맡는다.

학교 방문 시 모임 장소는 주로 음악실이나 시청각실을 빌려 사용한다. 150명 이상의 많은 학생이 모일 경우 더 넓은 장소를 사용할 수 있다. 사전 준비가 원활하게 이루어져 장소 사용에 큰 문제가 없으면 좋겠지만, 여러 노력에도 학교 측에서 부정적인 반응을 나타내는 경우도 발생한다.

상황이 어렵다면 장소에 연연할 필요는 없다. 학교 운동장에서 모여도 되고, 그것마저 어렵다면 교문 밖에서 만나도 상관없다. 한번은 방과 후에 학교 주변 놀이터에서 학생 60명을 모아 놓고 모임을 한 적도 있다. 장소는 학교 모임을 위한 절대 조건이 아니다. 그것보다는 학생들을 만날 수 있는 적정한 시간을 확보하는 것이 중요하다.

가장 좋은 시간은 점심이나 저녁 시간이다. 다른 어떤 시간보다 많은 여유를 가질 수 있기 때문이다. 특히 점심시간이 최고다. 아이들은 이 시간에 특별히 할 일이 없고, 누군가를 만나기에 비교적 자유롭다. 그래서 나는 학기 중에는 누구와도 점심 약속을 하지 않는다. 모든 일정의 최우선 순위를 항상 학교 방문에 둔다.

그런데 규모가 큰 학교들은 1학년, 2학년, 3학년의 식사 시간이 각각 다르기 때문에 여유로운 시간을 갖기 어렵다. 이런 경우에는 마지막 학년까지 식사를 마친 후 약 10분 남짓한 짧은 시간에 아이들을 한꺼번에 만나야 한다. 아쉽기는 하지만 제한된 조건 속에서 찾은 최선의 방법이다.

점심시간이 여의치 않다면 방과 후에 만나는 것도 나쁘지 않다. 참석하는 인원이 많지 않을 때는 도리어 이 방법이 더 나을 수 있다. 그마저도 어려운 형편이면 수업들 사이 쉬는 시간에 짧게 만나는 방법이 있다. 사전 교섭이 힘든 시외권 학교들을 방문할 때는 교문 앞에서 잠깐 아이들을 만나는 것으로 학교 방문을 대신한다.

이렇게 짧은 시간에 도대체 무슨 사역이 가능하냐고 의문을 품을 법도 하다. 그런데 이 짧은 만남에서 많은 역사가 일어난다. 특별히 전도 효과가 매우 크다. 놀랍게도 연중 어떤 학교에 폭발적인 전도가 이루어져 그 학교를 다니는 많은 학생이 교회로 찾아오는 시기는 다름 아닌 학교 방문 기간이다. 드림교회 청소년부의 새 친구들 중 75%는 학교 방문을 통해서 처음 만난 아이들이다.

　학교를 방문하면서 모인 아이들에게 연락처를 적으라고 요구하거나 대놓고 교회에 나오라고 권하지는 않는다. 하지만 기어이 친구를 따라 교회에 나오는 학생들이 생긴다.

　삶에 그다지 큰 낙이 없는 청소년들에게 교회는 결코 지루하거나 괴상한 곳이 아니며, 도리어 재미있고 즐거운 곳이라는 사실을 학교 방문을 통해 간결하지만 충분히 홍보할 수 있다. 그래서 믿지 않는 학생들도 어렵지 않게 마음의 문을 연다. 결국은 관계가 만들어지고 이를 통해 전도가 이루어진다는 사실이 가장 중요하다.

　학교 방문은 3월 봄 학기 개학과 함께 1년 내내 이루어진다. 이제는 우리 교회 학생들뿐 아니라 다른 학생들까지 고대하는 행복한 연례행사가 되었다. 다시 말하지만, 학교 안으로 들어가느냐 마느냐, 오래 만나느냐 짧게 만나느냐는 중요한 문제가 아니다. 만남 그 자체가 중요하다. 핵심을 놓치지 말자.

# 03

# 스쿨처치 운영 규칙

 1970년대부터 오랜 세월 이어져 온 지방의 한 스쿨처치가 있다. 이 스쿨처치는 원래 학생들이 자발적으로 세우고 예배하고 기도하던 모임이었다. 그런데 시간이 흐르면서 지역의 사역자들이나 학교 사역에 관심 있는 이들이 매주 학교에 찾아가 섬기는 구조로 바뀌었다.

 이런 경우 당장은 이상이 없어 보이지만(심지어 더 안정되어 보이기까지 하지만), 언젠가는 심각한 문제가 나타나는 시기가 도래하곤 한다. 부디 염려하던 일들이 생기지 않기를 바랐는데, 최근 이 학교를 졸업한 친구가 SNS에 올린 글을 통해 결국 안타까운 상황을 듣게 됐다.

 "기도를 요청합니다. 저희 학교 스쿨처치에서 수련회나 찬양드림 등의 행사가 진행되고 있지만, 가장 중요한 사역은 바로 학교 내에서 드리는 예배인데요, 학교에서 갑자기 외부인 출입금지 조치를 취해 교내에서 예배를 드릴 수 없는 상황이 되었습니다. 저희 학교는 기독교 학교가 아니라 외부에서 방문하시는 사역자님들이 많은 부분을 도와

주고 계시기 때문에 외부인 출입금지라는 조치가 예배의 존속 여부에 영향을 미칠 수밖에 없습니다.

제가 재학하는 중에는 인가되지 않은 동아리라는 이유로 학교에서 예배를 드리지 못할 뻔했었습니다. '어떻게 해야 하나?' 발을 동동 구르면서 교장 선생님을 직접 만나 얘기를 나눈 적도 있고, 적당한 장소를 구할 수 없어서 강당 구석에서 쪼그려 앉아 예배를 드린 적도 있습니다. 그래도 감사하게 하나님이 그때마다 장소를 새로 허락해 주시고 담당하실 선생님도 붙여 주셔서 예배가 지속될 수 있었습니다.

그동안 저희 학교 스쿨처치가 어려움에 부딪힐 때마다 늘 새롭게 길을 열어 주셨듯이, 이번에도 하나님이 더 좋은 길로 인도해 주실 것이라고 믿습니다. 학교에서 이 상황을 직접 마주할 후배들이 예배를 포기하지 않도록, 학교 내에서 계속 예배가 이어질 수 있도록 생각나실 때마다 기도 부탁드립니다."

나는 요즘도 여러 곳을 다니면서 스쿨처치 사역에서 학생들의 자발성이 중요하다고 이야기하고 있다. 물론 사역자라면 누구나 좋은 마음으로 학생들을 만나러 가고, 열정을 다해 스쿨처치를 섬기고 있다는 것을 아주 잘 안다. 하지만 좋은 의도를 가졌다고 해서 다 좋은 결과를 얻는 것은 아니다.

가끔 한 번씩 아이들을 만나러 가는 것쯤은 괜찮지만, 매주 그 모임을 찾아가서 인도하고 말씀을 전하는 일까지 감당하겠다고 한다면 마냥 찬성하지 않는다. 만약 학교의 상황이 달라지거나 무슨 어려움이 생겨서 사역자가 학교에 방문하는 길이 막힌다고 가정해 보자. 스쿨처치 모임이 지속될 수 있겠는가? 실제로 그런 형편에 처한 모임이 자생력을 잃어버리고 결국 사라지고 마는 경우를 여럿 보았다.

개인적으로는 한 학교에 매달 1회 정도 방문하는 것이 좋다고 생각한다. 많아도 2회 이상의 방문은 좋지 않다는 의견이다. 스쿨처치 사역자 중 한 분은 매주 학교에 방문할 수 있음에도 스쿨처치 모임을 자신이 모두 인도하려고 하지 않았다. 그리고 아이들에게 자주 이렇게 말해주었다고 한다.

"내가 다음 주에도 너희들을 만나러 오고, 내년에도 계속 올 예정이야. 그렇지만 어떤 사정이나 이유로 학교에 오지 못하는 일이 발생할 수도 있어. 중요한 것은 나를 의존하는 것이 아니라 너희 스스로 이 모임을 세워 가는 거야."

사역자를 의존하는 스쿨처치로 만들지 말라. 당장은 사역자들이 학생들보다 연륜이나 경험이 많아서 모임을 잘 인도하고 말씀도 잘 전할 수 있을지 모른다. 그러나 이로 인해 학생들 스스로 교회를 세워 가는 소중한 경험을 막아서는 안 된다.

학생들은 단순히 우리의 양육을 받아야 하는 연약하고 부족한 존재가 아니다. 그들을 어리게만 보지 않았으면 좋겠다. 사역자가 끊임없이 공급해 주고 돌봐 줘야 하는 존재로만 인식한다면 학생들은 결코 자발성이라는 보물을 가질 수 없을 것이다.

학생들은 이미 하나님의 거룩한 자녀이며, 앞으로 믿음이 쑥쑥 성장해 갈 건강한 영혼들이다. 양육은 각자 교회에서 하고, 부디 학교에서 만큼은 학생들이 자발적으로 믿음의 도전을 해나가도록 지켜봐 주자.

> "누구든지 네 연소함을 업신여기지 못하게 하고 오직 말과 행실과 사랑과 믿음과 정절에 있어서 믿는 자에게 본이 되어"(딤전 4:12).

사도 바울이 디모데에게 보낸 편지의 한 대목이다. 바울은 디모데에게 "사랑하는 아들"(딤후 1:2)이라고 부르며 애지중지했고 "청년의 정욕을 피하고"(딤후 2:22)라고 권면도 해주었다. 디모데에게 아직 당부해야 할 것이 많았기 때문이다.

바울에게 디모데는 한참 후배였다. 그러나 바울은 디모데를 자신과 동등한 사역자로 여기고 존중하며, 복음과 교회를 위한 막중한 사역들을 그에게 위임했다.

"이 모든 일에 전심전력하여 너의 성숙함을 모든 사람에게 나타나게 하라"(딤전 4:15)는 말은 두터운 신뢰가 없다면 어린 후배에게 건네기 힘든 말이다. 스쿨처치 사역자들은 바울처럼 학생 동역자를 존중하는 태도를 보여야 한다. 사역자들 본인도 한때는 어른들의 눈에 어설프고 모자란 점이 많은 청춘이었음을 생각해 보자.

첫 학교에서 기도 모임이 시작된 후 약 3년이 지나자 군산 시내 전체 학교에 기도 모임이 결성되었다. 고등학생, 중학생은 물론, 초등학생까지 학교에서 기도 모임을 했다. 심지어 '일진'이라 불리는 아이들 사이에서도 기도 모임이 생겼다. 그리고 이 모임을 통해 군산의 학교와 청소년들 사이에 엄청난 영적 변화들이 일어났다.

이처럼 놀라운 변화를 이끈 학교 기도 모임의 운영 규칙 몇 가지를 소개하겠다.

1. 모임은 학생들이 자발적으로 만든다. 교역자나 교사가 일절 관여하지 않는다.
2. 모임은 매일 하는 것을 원칙으로 한다. 주 1회 모이는 방식은 권장하지 않는다.
3. 학교 측의 허락을 받는 것은 의무 사항이 아니다. 만약 장소가 허락되지 않으면 따로 조용히 모일 수 있는 곳을 찾아서 모이면 된다. 학교 기도 모임은 운동장에서 모이는 경우, 해당 교사의 허락으로 과학실에서 모이는 경우 등 다양한 모습으로 나타난다.
4. 기도 모임을 운영하는 조직을 자연스럽게 만든다.
5. 학생들 중심의 기도 모임으로 세워지면 다음 학교 방문 사역을 준비한다.
6. 기도 모임은 학교 부흥을 꿈꾸며 전도 지향적으로 사역한다.

# 학교 방문을 위한 전략 세우기

　세계 곳곳이 종교 전쟁터처럼 변하면서 기독교 선교사들이 들어갈 수 있는 지역이 점점 좁아지고 있다. 특히 무슬림 지역이나 공산권 국가들은 아예 선교 사역이 봉쇄되다시피 했다. 이 지역은 공식적으로 선교사가 들어갈 수 없다. 아무도 오라고 하지 않는다. 가고 싶어도 마음대로 들어가지 못한다.

　하지만 가야 한다. 목숨을 걸고서라도 어떻게든 들어가야 한다. 세상 사람들이 결코 이해하지 못하고, 심지어 손가락질까지 하는데 왜 그렇게까지 해야만 할까? 바로 영혼을 구하는 일이기 때문이다. 땅끝까지 복음을 전파하라는 사명을 받은 크리스천들에게 중동 땅, 중국 땅, 북한 땅, 그 어디든 끝내 포기할 수 없는 소중한 선교지다.

　오늘날 우리 사회에서 학교는 일종의 제한 구역이 되어 버렸다. 학교 안팎에서 일어나는 각종 사고와 범죄들로 인해 외부인에 대한 통제가 강화되면서 갈수록 학교 내부에 접근하는 일이 어려워지고 있다.

특히 종교와 관련된 활동이라면 몇몇 기독교 학교들을 제외하고는 어느 기관도 사역자의 학교 방문을 환영하지 않는다. 그런 분위기가 이제는 상식이 되어 버렸다.

몹시 고민되는 환경이지만, 그렇다고 마냥 주저앉아 있을 수는 없다. 무슬림이나 공산권 국가를 향한 선교 사명을 포기할 수 없는 것처럼, 학교를 향한 선교 사명 역시 결단코 내려놓을 수 없다.

처음부터 어서 오라며 환영해 주는 학교는 단 한 군데도 없다. 대놓고 싫어하며 꺼리기도 한다. 그러나 힘들지 않아서, 일하기 쉬워서가 아니라 반드시 해야 하는 일이기 때문에 도전하고 감당하는 것이 바로 사명이다. 우리는 막힌 담을 뚫으며, 반드시 복음을 들어야 하는 어린 영혼들을 향해 전진해야 한다.

그러기 위해서 학교를 '뚫는' 방법을 고민할 수밖에 없다. 전략이 필요하다. 막무가내로 아무 학교에나 진입하려 들다가는 학생들을 만날 기회도, 그들을 구원할 기회도 영영 놓칠 수 있다. 가장 실제적이면서 효과적인 전략을 찾아야 한다.

군산의 스쿨처치 사역 초창기에 사용했던 방식이 전략을 세우는 데 참고가 되기를 바란다. 여기에서는 주로 행정적 준비에 초점을 맞추었다.

**지침 1: 학교 지도를 만들라**

가장 먼저, 주변 학교의 목록을 뽑아야 한다. 교회 아이들이 다니는 학교여야 사역자가 진입할 수 있는 명분과 계기를 만들 수 있으니, 먼저 교회 아이들이 재학 중인 학교부터 파악하는 게 좋다. 그렇게 학교 목록이 만들어지면 이를 자료 삼아 지도를 만든다. 각 학교의 위치에 맞춰 동선과 교통편 등 구체적인 계획을 세울 수 있다.

**지침 2: 학교의 성향을 분류하라**

사역자가 쉽게 들어갈 수 있는 학교와 그럴 수 없는 학교를 나누어 목록을 만든다. 이를 위해 학생들 혹은 해당 학교 관계자들이나 학부모들을 통해 충분한 정보를 얻는 것이 좋다. 스쿨처치 사역 개시에 앞서 군산시 일대를 대상으로 조사하면서 전체 37개 중·고등학교를 분류한 결과는 다음과 같다.

| | |
|---|---|
| 미션 스쿨이거나 기독교에 호의적인 학교 | 9개교 |
| 기독교에 호의적인 선생님이 계시는 학교 | 13개교 |
| 기독교에 호의적이지는 않지만, 학생들의 영향력이 있는 학교 | 9개교 |
| 기독교를 싫어하는 학교 | 6개교 |

**지침 3: 쉬운 학교부터 들어가기로 준비한다**

굳이 어려운 학교부터 시작할 필요가 없다. 문이 활짝 열린 학교부터 들어가 사역을 시작하면 경험이 쌓이고 자신감도 생긴다. 사역자 스스로 충분히 단련한 후 더 어려운 과제에 도전하는 편이 낫다.

### 지침 4: 들어가기 힘든 학교에 대비하여 전략을 세운다

아무리 철옹성 같은 상대라도 빈틈은 있기 마련이다. 학교도 마찬가지다. 혼자 힘으로 돌파가 어렵다면 도움을 받을 수 있는 인맥들을 발굴해 보자. 가장 좋은 방법은 교장 선생님, 교감 선생님, 교사, 직원 등 해당 학교 관계자들을 탐색하는 것이다. 이들 중 한 사람이라도 조력자로 얻는다면 학교를 드나들기가 훨씬 수월해진다.

여기에서 성과를 얻지 못했다면 다음으로 학교 안에서 영향력을 끼치는 학생들(예를 들어, 전교 회장, 각 반 회장, 선생님의 신임을 받는 학생)을 동원하고, 그마저 어렵다면 주변의 지인들을 총망라해 본다. 아무리 넓은 지역 사회라도 보통 2-3단계를 거치면 어떻게든 연결 고리를 찾을 수 있다. 그렇게 학교와 연관된 인물을 찾아 협력을 얻는 방식으로 학교의 닫힌 문을 열 수 있다.

### 지침 5: 학교는 기도를 통해서 들어갈 수 있다

스쿨처치 사역에는 수많은 변수가 발생한다. 작년까지 문제없이 들어갈 수 있었던 학교가 올해에는 느닷없이 방침을 바꿔 장벽을 높이는가 하면, 예상치 못한 사건이 발생해서 아예 사역을 중단해야 하는 경우도 생긴다.

그래서 사역자는 기도하고, 또 기도해야 한다. 오직 기도만이 능력의 원천이자 해결의 열쇠다. 사람의 힘과 지혜로 성취할 수 있는 일이 아니라는 뜻이다. 나는 새로운 학교 사역을 시작하기에 앞서 보통 한 달 이상 기도로 준비하는 시간을 갖는다.

주님은 "구하라 그리하면 너희에게 주실 것이요 찾으라 그리하면 찾아낼 것이요 문을 두드리라 그리하면 너희에게 열릴 것이니"(마 7:7)라는 약속의 말씀을 우리에게 주셨다. 두드리는 자에게 응답하시는 하나님이 우리 편이시다. 하나님은 기도하는 이들에게 문을 열어 주신다. 그러니 처음부터 겁먹고 피하거나 노력해도 안 된다고 일찌감치 포기하지 말자. 해답은 다른 데 있지 않다. 주님이 해답이시다. 기도가 답이다.

# 05

# 사역자들과 학생들을 위한 사역 지침

## 사역자들을 위한 지침

스쿨처치 운동이 전국적으로 확산되고 참여하는 사역자들이 늘어나면서 실제적인 지침을 요청하는 현장의 목소리도 커지고 있다. 사역자들이 꼭 기억하기를 바라는 몇 가지 지침들을 정리해 보았다.

**지침 1: 사역자가 주인공이 아니다**

스쿨처치의 핵심은 학생들의 자발성에 있다. 참여하는 학생들 중에서 키 맨(Key Man) 역할을 할 인물들을 잘 세우고, 이들을 통해 실제 사역이 이루어지게 해야 한다. 그렇게 할 때 스쿨처치가 자생력을 얻고, 장기간 유지될 수 있다. 사역자 본인의 리더십을 강화하려는 야망에 사로잡히지 말라.

#### 지침 2: 때를 기다리라

하나의 스쿨처치가 자리 잡을 때까지 얼마만큼의 시간이 필요한지 아무도 모른다. 단 한 사람을 데리고 몇 년씩 버텨야 할 때도 있고, 어느 정도 활성화된 모임이 학교의 방침에 의해 한순간에 무너질 수도 있다. 그만큼 많은 변수가 작용하는 것이 스쿨처치 사역이다. 상황이 나빠지더라도 결코 좌절하거나 포기하지 말고 끝까지 인내해야 한다.

#### 지침 3: 한 학교에 집중하라

사역자 한 사람이 여러 학교에서 동시에 스쿨처치를 일으키려다 보면 주의가 분산되고, 갖가지 다른 문제들로 인해 소기의 성과를 거두기 어렵다. 그러므로 한 학교, 한 생명에 집중하는 태도를 가져야 한다. 아이들은 '좋은 이야기'보다 '좋은 사람의 이야기'에 더 귀를 기울인다. 그들의 신뢰를 얻기까지 관계에 집중하는 자세가 필요하다.

#### 지침 4: 지역 교회의 도움을 요청하라

사역자 개인이나 선교단체 중심으로 스쿨처치를 돕는 것보다 해당 지역의 영향력 있는 교회를 동원해 지원하는 것이 더 안정적이며 효과적이다. 지역 교회에 해당 학교 교사와 학부모 등의 후원 그룹이 형성되면, 이를 활용해 스쿨처치를 동아리 형태로 학교에 등록하거나 사역자들이 학교를 자유롭게 출입할 수 있도록 허가받는 일을 비교적 쉽게 해결할 수 있다.

## 학생들을 위한 지침

우리 학생들에게 어떻게 하면 스스로 스쿨처치를 세울 수 있는지 구체적인 방안을 제시하겠다. 스쿨처치 사역을 처음 시작한 후 지금까지 십수 년간 겪은 수많은 사례를 응축한 내용이니, 새로 시작하는 지역이나 학교들에 도움이 될 수 있으리라 기대한다.

**지침 1: 믿음의 친구들을 찾으라**

스쿨처치를 시작할 때 가장 먼저 할 일은 하나님을 마음 중심에 모시고 기도하면서, 사역을 함께할 친구들을 얻는 것이다. 주변의 친구들뿐 아니라 다른 반과 다른 학년까지, 믿음을 가진 선후배들을 찾아야 한다. 하나님이 기도를 들으시고 가까운 친구들과 믿음을 가진 동역자들을 예비해 주시리라는 확신을 품어라.

여기에는 스쿨처치에 함께할 사람들을 모집한다는 홍보 작업도 필요하다. "학교에서도 삶의 예배를 드리고 싶은 친구들을 찾습니다"라는 내용으로 직접 포스터를 만들어 학교 게시판에 붙이거나 학교 홈페이지 혹은 SNS에 게시물을 올리는 방법으로 관심 있는 친구들을 모을 수 있다.

무엇보다도 누가 억지로 시켜서가 아니라 학생 스스로 자원해 이 사역에 나서는 것이 핵심이다. 혹시 홍보 문구 작성에 자신이 없다면 다음 모델을 참고하라. 언젠가 시호라는 학생이 SNS에 올린 내용이다.

"학년 기도 모임을 함께할 친구를 찾아요! 누구든 환영합니다! 관심 있는 친구들은 댓글이나 010-0000-0000, SNS로 연락해 주세요! 지금 기도 모임은 1학년 학생 6명 정도가 함께하고 있어요!"

### 지침 2: 모임 시간을 정하라

함께할 친구들이 정해졌다면 다음은 모임 시간을 정한다. '조회 전', '점심시간', '저녁 시간' 등 학생들이 많이 모일 수 있는 시간으로 정하면 된다. 보통 점심이나 저녁 시간에 모이는 경우가 많다. 학년마다 식사 시간이 다를 경우에는 모임에 사용할 수 있는 시간이 적다는 점을 참고하기 바란다.

모이는 횟수도 '일주일에 1회', '일주일에 2회', '매일' 등으로 정한다. 처음 시작할 때는 가급적 일주일에 1회씩 모이기를 권한다.

어떤 학교 친구들은 짧은 모임 시간의 문제를 해결하기 위해 한 달에 한두 번은 다 같이 금식하고 만나기도 한다. 매주 모임마다 금식하라고 강요하기는 힘들지만, 학생들끼리 서로 마음만 맞는다면 한 달에 한두 번 정도 금식도 가능하지 않을까 싶다.

### 지침 3: 선생님께 도움을 청하라

모임 장소 확보는 선생님의 조력을 받는 것이 큰 도움이 된다. 예수님을 믿는 선생님께 스쿨처치의 취지를 잘 말씀드리고 특별실 사용을 허락받으면 손쉽게 모임 장소를 정할 수 있다. 그러므로 예수님을 믿는 선생님을 찾아보자. 막막하게 느껴지겠지만 의외로 어렵지 않게 발견할 수도 있다. 예를 들어, 급식실에서 유심히 살펴보면 식사 전에 기도하시는 선생님을 만날 수 있다. 수업 후나 교무실에서 마주치는 선생님께 "혹시 교회 다니세요?"라고 여쭈어볼 수도 있다.

### 지침 4: 장소를 확보하라

이런저런 노력을 했음에도 예수님을 믿는 선생님을 찾지 못하거든, 일단 학생들끼리 모일 장소를 정한다. 수돗가, 운동장, 빈 교실, 정자 아래, 소각장 근처, 국기 게양대 등 어디든 서로 약속해 모임 공간으로 삼는다. 당장 좋은 자리가 나지 않더라도 모임을 시작하면서, 하나님께 마음껏 예배할 수 있는 장소를 허락해 달라고 기도하자.

학교 안에서 가장 허락받기 좋은 모임 장소는 음악실이다. 신기하게도 음악 선생님 중에 크리스천이 많다. 음악실이 아니어도 미술실, 다목적실 등 어디라도 열심히 구하고 찾는다면 마침내 적절한 모임 장소를 얻을 수 있을 것이다.

### 지침 5: 담대하게 시작하라

이제 시작이다. 무엇보다 일단 시작하는 것이 가장 중요하다. 비록 인원이 적더라도 시간을 정해서 어떤 장소에서든 시작하면 된다. 단 둘이어도 족하다. 하나님이 그 자리에 함께하신다.

*"두세 사람이 내 이름으로 모인 곳에는 나도 그들 중에 있느니라"*

(마 18:20).

혼자라도 괜찮다. 성령님과 함께 기도하는 한 사람만 있으면 된다. 우리 자신이 바로 교회니까.

"우리는 학교에서도 크리스천입니다"라는 슬로건을 늘 가슴에 새기자. 나아가 기도하는 한 사람이 기도 없는 한 민족보다 강하다는 사실을 기억하자. 여러분은 각자의 학교뿐 아니라 우리 조국과 겨레를 품은 기도의 용사다.

그리고 도움이 필요하다면 언제든 연락하라. 거리, 시간 상관없이 여러분을 만나러 갈 누군가가 항상 기다리고 있다. 혼자라고, 숫자가 얼마 되지 않는다고 기죽지 말라. 여러분은 결코 외롭지 않다.

# 어떻게 하면 스쿨처치를 정착시킬 수 있을까?

스쿨처치 사역에 있어서 학교 안으로 들어가는 데 성공하는 것보다 더 중요한 문제는 학교 안에 스쿨처치를 정착시키는 일이다. 어떻게 하면 학교 안으로 들어가서 스쿨처치를 정착시킬 수 있을까? 학교 안에 스쿨처치를 정착시키기 위해서 사역자가 반드시 알아야 할 지침들을 정리해보았다.

### 지침 1: 민폐를 끼치지 말라

학생들을 만나는 것이 중요하다고 무작정 학교 안으로 들어가려고 하면 안 된다. 자칫하다가는 의도와 반대로 학교나 학생들에게 민폐가 될 수 있다.

몇 년 전 한 사역자가 중학교 스쿨처치를 방문한 일이 있었다. 그런데 절차를 밟지 않고 몰래 교내로 들어갔다가 교직원에게 발각되고 말앉다. 당황한 사역자는 "누구시죠? 여기엔 무슨 일로 오셨나요?"라는 교직원의 질문에 제대로 대답도 하지 못한 채 쫓겨나고 말았다. 더 큰 말썽은 그다음에 생겼다. 이 일로 학교에서 교무회의가 열렸고, 결국 학생들의 기도 모임이 없어졌다.

### 지침 2: 지혜로운 길을 택하라

학교에 들어가는 가장 좋은 방법은 공식적으로 학교의 허락을 받는 것이다. 만약 그것이 어렵다면 지혜로운 차선책을 생각해 내야 한다. 예를 들어, 학생들이 동아리 형태로 스쿨처치를 세운다면 외부 강사 혹은 동아리 지도자의 신분으로 학교에 들어갈 수 있다.

### 지침 3: 가능하면 교사와 연계하라

스쿨처치에 우호적인 교사가 학교 안에 있다면 가장 듬직한 우군을 확보하는 셈이다. 예를 들어, 서울 목동에 있는 한 학교는 엄한 규율로 유명하다. 사역자가 접근하기 어렵다. 하지만 다행히도 이 학교에는 사역에 협력해 주시는 교사 한 분이 계신다. 지난번 학교 방문 날에는 그 선생님이 메시지를 주셨다.

"제가 정문에 있겠습니다. 그리고 오실 때 음식물을 나눠 주는 것은 안 된다고 하니 참고해 주세요. 교실에서 아이들과 만나실 때는 저도 동석해야 하네요."

이쯤 되면 안심하고 아무 차질 없이 사역할 수 있다.

### 지침 4: 학교의 원칙을 따르라

학교가 정한 원칙을 무시하거나 거부하면 안 된다. 학교에서 학생들에 대한 지도권은 사역자가 아닌 학교에 있다는 사실을 명심하라.

어떤 학교는 외부인이 학교에 방문할 경우 출입확인서 작성을 요구한다. 그 원칙만 잘 지키면 아무 문제가 없다. 학교마다 어떤 원칙을 적용하는지 잘 파악할 필요가 있다.

### 지침 5: 사역자가 꼭 학교에 들어가야 하는 것은 아니다

중요한 것은 아이들 스스로 학교 현장에서 믿음으로 잘 살아내는 일이다. 사역자는 아이들이 그렇게 살아가도록 도전하고 응원하고 격려하기만 하면 된다. 꼭 학교 안으로 들어가야 한다는 강박관념에서 벗어나라.

### 지침 6: '나는 외부자'라는 자기 인식을 가져라

사역자가 스스로를 스쿨처치의 중심으로 여겨서는 안 된다. 학교에서 본인은 어디까지나 '외지인', '외부인'이라는 사실을 심중에 각인해야 한다.

외부자의 역할은 내부인인 학생들과 교사들에게 필요 이상의 간섭을 하지 않으며, 그들이 잘 살아가도록 돕는 것이다. 그들이 없다면 외부자가 학교에 들어갈 수도 없고, 들어갈 이유도 없다. 사역자는 그들을 세워 주는 큰 그림을 그리고, 그 그림으로 스쿨처치와 동행하는 것이 좋다. 사역자들은 뒤에 서 있어 주기만 해도 된다. 학생들이 스스로 세워 가도록 응원해 주자. 이미 여러 번 이야기했듯이, 학생들의 자발성이 중요하다.

### 지침 7: 지지자가 필요하다

학생들의 자발성이 지속되기 위해서는 교사의 지지와 동행이 필요하다. 학생들은 가슴에 불이 붙으면 활활 타오르는 장점이 있지만 지속성이 약하다는 단점도 있기 때문이다. 그러나 교사와 외부 사역자(혹은 교회)의 연계가 원활하게 이루어진다면 이 약점을 충분히 극복할 수 있을 것이다.

경기도 안양의 한 학생은 중학생 때 친구들과 자발적으로 기도 모임을 세웠지만 학교의 반대로 활동을 할 수 없게 되었다. 그러자 학생들은 "저희를 도와주실 선생님을 붙여 주세요!"라고 기도했고, 하나님의 응답으로 선생님 한 분을 만나게 됐다.

그 선생님은 아이디어 하나를 학생들에게 내놓았다. 편지를 하나씩 써 보라는 것이었다. 왜 학교에서 기도 모임을 해야 하는지, 이 모임을 통해서 학교와 학생들이 어떤 유익을 얻게 되는지에 대해서 정성껏 적어 보라고 하셨다.

학생들이 가진 힘을 다 모아 작성한 편지는 교육청으로 올라갔다. 그 후 놀랍게도 학교로부터 기도 모임 허락은 물론, 모임 장소까지 받게 됐다. 그 친구들이 졸업한 지 벌써 몇 해가 지났지만 이 학교의 예배 모임은 여전히 지속되고 있다.

# 07

## 꼭 성공하지 못하더라도 괜찮다

많은 사역자가 실패를 염려한다. 스쿨처치 사역을 앞두고도 학교에 들어가는 일에 실패하면 어쩌나 고민하면서 힘들어하는 사역자들을 보았다. 특히 코로나19 시대에 학교 사역을 하는 것, 학교에서 아이들을 만나는 것은 상당히 큰 모험이 될 수 있다. 어떻게 보면 실패할 확률이 높은 사역이다.

그러나 우리가 한 가지 알아야 할 사실이 있다. 사람의 관점으로 사역에 성공할 수도 있고 실패할 수도 있지만, 하나님은 사역의 결과만 보고 '사역의 성공이냐 실패냐'를 따지지 않으신다는 것이다.

하나님은 우리의 마음을 보신다. 사역자들과 교사들이 아이들의 영혼을 얼마나 사랑하고 있는지를 보신다. 어떻게 보면 하나님이 보실 때 사역의 실패는 없을 것 같다. 열심히 기도하고 최선을 다해 노력했음에도 스쿨처치를 세우지 못했더라도 괜찮다. 하나님은 우리가 노력한 모든 과정을 알고 계신다.

만약 사역의 결과만 보고 실패라고 말한다면 대동강 강변에서 한 명에게도 제대로 복음을 증거하지 못한 로버트 토마스(Robert Jermain Thomas, 1839-1866) 선교사는 완전한 실패자다. 하지만 역사는 그를 실패자라고 말하지 않는다. 그는 성공자다. 그는 이 땅에 복음을 뿌린 최초의 선교사이자 순교자다. 토마스 선교사가 한 일이 없는 듯 보이지만, 그의 발걸음 덕분에 후에 대동강 강물을 마신 수많은 사람이 예수님을 믿게 되었다.

학교 진입에 성공하지 못했다고 좌절할 필요 없다. 학교 측의 방문 거절로 인해서 영적으로 많이 성장할 수도 있다. 아이들을 만나러 학교에 들어가야 하는데 들어가지 못할 때의 그 마음은 경험해 본 사람만 알 수 있다. 많이 울게 된다. 그 눈물의 이유는 억울함이 아니다. 안타까움이다. 비록 학교에 들어가지는 못했지만, 영혼들을 향한 안타까운 마음은 더욱더 커진다.

복음을 증거하면서 당하는 거절의 경험은 복음 전도자의 영혼에 엄청난 성장 효과를 준다. 영적으로 더 뜨거워지고, 더 기도하는 사람으로 만들어 준다. 결국 학교 진입 실패는 사역자와 교사들에게 영적 성숙의 시간을 선물해 준다.

정말 재미난 것은 학교 진입이 어렵고 여러 가지 실패 요소가 많을수록 오히려 전도의 열매가 많았다. 성경 말씀에 그 이유가 있었다.

"의를 위하여 박해를 받은 자는 복이 있나니 천국이 그들의 것임이라 나로 말미암아 너희를 욕하고 박해하고 거짓으로 너희를 거슬러 모든 악한 말을 할 때에는 너희에게 복이 있나니 기뻐하고 즐거워하라 하늘에서 너희의 상이 큼이라 너희 전에 있던 선지자들도 이같이 박해하였느니라"(마 5:10-12).

예수님은 오히려 우리의 상이 더 클 것이라고 말씀하셨다. 내 안에 영혼들을 만나고 싶은 마음이 있어도 외부적 요인으로 인해 방해를 받았을 때, 하나님은 반드시 다른 방법을 열어주셨다. 그리고 그때마다 많은 전도의 열매를 맺었다.

그러니 학교에 직접 들어가지 못하더라도, 스쿨처치 사역이 더디게 흘러간다고 느껴질지라도 포기하지 말자. 하나님 나라에서는 손해 볼 것이 없다. 스쿨처치 동역자들이여, 우리 다시 힘차게 시작해 보자. 함께하자.

## 나에게 스쿨처치란 '기회'다

**— 구하온** (장로회신학대학교, 전 포천○○고등학교 스쿨처치 예배자)

저는 평범한 학생이었습니다. 아침이 되면 학교에 가기 싫어서 꾸역꾸역 등교하고, 점심시간이 되면 친구들과 밥을 먹고, 지루하기만 한 야간자율학습이 하기 싫어서 어떻게든 빠지려고 하고, 집에서는 엄마 말도 안 듣고, 꿈도 없이 비전도 없이 어떤 대학교에 가야 할지 몰라 고민하는 평범한 고등학생이었습니다.

지극히 평범했던 제 일상이 스쿨처치를 하면서 이상하게도 평범하지 않은 인생으로 변하기 시작했습니다. 아침이 되면 학교에 너무 가고 싶어졌고 점심시간이 정말 기다려졌습니다. 여기서 반전은 맛있는 점심 식사 메뉴가 기다려졌기 때문이 아니라 점심시간에 드리는 예배 시간이 기다려졌기 때문이라는 것입니다.

얼른 하나님께 찬양을 드리고 싶고, 친구들과 함께 울면서 기도하고 싶어서 기도 모임을 하는 시간이 기다려졌습니다. 빛도 잘 들지 않는 지하 예배실이 그렇게도 가고 싶었습니다. 그곳에서 하나님을 깊이 만날 수 있었기 때문입니다. 그 자리에서 드리는 예배를 하나님이 기쁘게 받으셨을 것이라 생각합니다. 정말 순수한 마음으로 하나님만 생각하며 예배했기 때문입니다. 그때 저는 하나님이 제 인생의 주관자이시라는 고백을 할 수 있었고, 불안한 인생에서 이정표를 만난 것 같았습니다.

저뿐만이 아니라 그곳에 있던 친구들도 하나님이 만나 주셨습니다. 부모님이 안 계셨던 친구는 하나님이 자신의 아버지라고 고백했고, 외로움이 많았던 친구는 하나님이 자신의 친구가 되어 주셨다고 고백했고, 고통에 시달리고 있었던 친구는 하나님이 자신을 위로해 주셨다고 고백했습니다.

그리고 그 친구들의 고백을 통해 제가 하나님이 맡겨 주신 특별한 임무를 수행하고 있다는 것을 느낄 수 있었습니다. 저는 여전히 평범한 인생을 살고 있지만, 특별한 임무를 맡은 자로 살아가고 있다고 생각합니다. 그래서 매일의 은혜가 새롭기도 합니다. 하나님이 선한 힘으로 저를 감싸고 계신다고 믿으니, 저에게 일어날 일들이 매일 기대가 됩니다.

내일이 전혀 기다려지지 않고 허망함과 공허함을 가지고 살아가던 저의 모습은 온데간데없고 앞으로의 일을 기대하는 모습만 남았습니다. 스쿨처치를 통해 어떤 상황에서도 주님이 항상 함께하신다는 사실을 믿게 되었고, 하나님의 사랑으로 하루하루 살아가고 있습니다.

## 에필로그

## "우리는 학교에서도 크리스천입니다"

"아이 사무엘이 엘리 앞에서 여호와를 섬길 때에는 여호와의 말씀이 희귀하여 이상이 흔히 보이지 않았더라"(삼상 3:1).

당시는 하나님의 말씀이 들리지 않고, 하나님의 일하심도 보이지 않던 시대였습니다. 영적인 암흑기, 영적으로 메마르고 답답한 시대였습니다.

이어지는 2절은 "엘리의 눈이 점점 어두워 가서 잘 보지 못하는 그때에 그가 자기 처소에 누웠고"라고 말합니다. 단순히 '엘리가 나이가 많아 누워 있다'는 말로만 이해할 수 없습니다.

사무엘의 어머니 한나가 너무 힘들고 답답해서 하나님 앞에 울며 애통하고 있을 때 엘리 제사장이 뭐라고 말했습니까? "네가 언제까지 취하여 있겠느냐 포도주를 끊으라"(삼상 1:14)며 나무랐습니다. 대제사장인 엘리가 한나의 상태를 완전히 오판한 겁니다.

비록 대제사장 엘리가 영적으로 둔감하다 할지라도 그의 아들들이라도 지도자의 역할을 잘 감당해 주었다면 좋았을 텐데, 어땠습니까?

오히려 성적인 죄를 짓고 하나님 앞에서 회개하지 않는 모습까지 보여 주었습니다. 정말 '답이 없는 시대'였습니다.

그때만 그럴까요? 지금도 그렇습니다. 요즘 믿지 않는 청소년들에게 "왜 교회에 오지 않습니까?"라고 질문하면, 48% 학생이 '종교가 싫어서'라고 응답합니다. '학원에 가야 해서', '바빠서'라는 이유보다 더 높은 응답률을 차지합니다. 그 정도로 기독교가 싫어서 교회에 오지 않는 상황이 지금의 현실입니다.

그리고 이런 현실 앞에 우리는 포기하고 낙심합니다. 그러나 하나님은 "하나님의 등불은 아직 꺼지지 않았다"(삼상 3:3)고 말씀하십니다.

"여호와께서 사무엘을 부르시는지라 그가 대답하되 내가 여기 있나이다 하고"(삼상 3:4).

대제사장 엘리는 영적으로 눈이 어둡고 그의 아들들은 성범죄자들이었던 그때, 하나님은 '어린 사무엘'을 부르셨습니다. 그 시대에 하나님은 이스라엘을 단순히 망하게 하고 버리는 것으로 끝내지 않으시고 다음 세대인 사무엘을 통해 새 시대를 여셨습니다. 그때처럼 지금도, 앞으로도, 하나님은 우리를 포기하지 않으실 거라 믿습니다.

2012년부터 학교에 교회를 세워 가는 스쿨처치 사역을 감당하면서 전국 곳곳에서 하나님을 갈망하는 학생들을 보았습니다. 핍박과 조롱에도 학교에서 신앙을 고백하며 교회를 세워 가는 학생들을 볼 때마다 "하나님은 여전히 포기하지 않으셨구나!" 고백할 수밖에 없었습니다.

코로나19로 인해 많은 학교의 스쿨처치 모임이 사라지거나 없어지기도 했으나 여전히 포기하지 않는 청소년들이 있습니다. 아침 8시부터 기도 모임을 이어 가는 학생들을 만나고, 줌(Zoom)으로 모여서 예배하는 친구들을 만나고, 다니엘처럼 뜻을 정하여 혼자라도 정해진 시간에 예배하고 기도하는 친구들을 직접 보고 있습니다.

"기도하는 한 사람이 기도 없는 한 민족보다 강하다"라는 말처럼, 지금 이 시대에도 하나님은 다음 세대, 아니 '지금 세대'를 세워 가고 계십니다. 우리는 포기해도 '하나님의 등불은 아직 꺼지지 않았습니다.' 하나님의 역사는 지금도 곳곳에서 일어나고 있습니다.

"우리는 학교에서도 교회입니다"

스쿨처치의 슬로건 "우리는 학교에서도 크리스천입니다"는 "우리는 학교에서도 교회입니다"와 같은 의미이기도 합니다.

하나님은 우리를 교회당에서만 크리스천으로 살라고 부르신 것이 아닙니다. 삶의 현장인 학교에서도 교회가 되라고 부르셨습니다. 그 부르심에 반응해 학교 현장에서 살아가는 학생들이 있습니다.

'크리스천'이라는 말에는 '예수를 따르는 사람', '기독교를 믿는 사람'이라는 의미만 있는 것이 아닙니다. '본받을 만한', '매력적인'이라는 뜻도 있습니다. 우리 학생들이 학교에서 크리스천으로 살아간다는 것은 예배 모임을 세우는 것 그 이상의 의미가 있습니다.

그리고 감사하게도 예배드리는 것 그 이상의 삶을 살아가려는 학생들이 있습니다. 그 친구들은 스쿨처치 모임을 하면서, 교내의 쓰레기를 줍거나 화장실 청소도 합니다. 그리고 그 모습을 통해 믿음이 없는 선생님들과 학생들에게 크리스천의 삶을 보여줍니다.

우리 친구들은 분명 나이로나 정서적으로나 아직 어리다고 할 수 있지만, 무조건 어리지만은 않습니다. 어쩌면 우리가 생각하는 것보다 강할지도 모릅니다.

그러니 학생들이 믿음 안에서 자전, 자립할 수 있도록 보호막을 쳐 주고, 기다려 주는 역할을 우리가 기꺼이 감당해 주면 어떨까요? 그로 인해 학교 안에 복음이 심기고, 이 땅의 청소년들이 다시금 하나님께 돌아오는 역사를 볼 수 있으리라 기대합니다.

_ **나도움 목사**

## 부록 1

# 스쿨처치
# 사역자 Q&A

SCHOOL CHURCH

그런 그들이 스쿨처치 모임에 와서
마음이 평안해지고
일탈을 내려놓게 되었다고
고백하는 모습을 보면
보람도 느끼고 참 감사합니다.

김성준 목사
최새롬 목사
최영환 목사

# 학교들의 연합을 도와요

: 김성준 목사 (듀나미스 인천학교예배자연합 담당 사역자)

> **나에게 스쿨처치란,**
> 다음 세대를 살리는 유일한 동아줄이다.

## Q&A

**섬기고 있는 스쿨처치 사역에 대한 간단한 소개를 부탁드립니다.**

크게 두 가지 형태의 사역을 하고 있습니다. 첫 번째는 '듀나미스 인천학교예배자연합' 사역으로 인천 학교들의 연합을 돕고 있습니다. 듀나미스는 지역의 중·고등학교에 있는 기도 모임 10여 개가 연합한 단체입니다.

듀나미스로 연합되어 있는 학생들과 함께 등교 시간에 학교 앞에서 전도를 하고, 일주일에 한 번 학교 점심시간에 학교 안팎에서 기도 모임을 하고 있습니다. 그리고 두 달에 한 번씩 토요일에 연합예배를 하면서 각 학교의 스쿨처치 사역에 동력을 불어넣고 있습니다. 그리고 고등학교를 졸업한 청년들이 계속해서 스쿨처치 사역을 이루어 갈 수 있도록 섬김이 교육과 팀 훈련을 하고 있습니다.

다음으로는, 중·고등학교 안에 창체 동아리를 열어서 비신자 전도에 힘을 쏟고 있습니다. 창체 동아리는 수업 시간에 진행하는 정규 동아리로, 동아리에 가입한 학생들의 80%가 비신자로 이루어져 있습니다. 따라서 학교 동아리 규정에 적합한 기독교 문화 활동과 함께 예배와 소그룹 활동을 통한 복음 전파에 집중하고 있습니다.

## Q&A

**스쿨처치 사역을 시작하게 된 계기 및 다음 세대에 스쿨처치가 필요한 이유를 말씀해 주세요.**

2010년부터 'BJ(Bible Jesus)워십캠프'에서 스태프로 청소년들을 섬기면서 그들의 아픔을 많이 보았습니다. 그래서 아픔 많은 다음 세대를 살리기 위해 뭐라도 해야 되겠다는 심정으로, 2014년부터 젤리를 포장해 아침마다 여러 학교 앞에서 말씀으로 아이들을 응원하면서 함께 기도할 아이들을 찾았습니다. 그러자 2016년, 그 학교에 있는 아이들이 모여서 기도 모임을 하기 시작했고, 그런 기도 모임들이 모여서 2018년 첫 듀나미스 연합예배를 드리게 되었습니다.

이 사역을 하면서 정말 안타까운 점이 있습니다. 대한민국 곳곳 예배가 없는 곳이 없습니다. 섬마을에도, 군대에도, 교도소에도, 각 직장에도 신우회가 있어서 예배를 합니다. 그런데 유일하게 예배가 규제받는 곳, 예배가 없는 곳이 바로 우리 다음 세대가 가장 많은 시간을 보내고 있는 학교라는 사실입니다.

사역자가 학교 안으로 들어가기도 정말 어렵습니다. 그렇기 때문에 우리 아이들이 학교 안에서 예배를 세우게 해야 합니다. 다음 세대를 살리고, 그들을 하나님의 군사로 일으킬 수 있는 가장 좋은 방법은 바로 학교에 예배를 세우는 것입니다. 학교에 세워진 스쿨처치 예배를 통해 학교에 복음이 전파될 것입니다.

## Q&A

**코로나19 이전과 이후 스쿨처치 사역 내용에 대해 설명해 주세요. 특히 포스트 코로나 시대에 구체적인 스쿨처치 사역 계획이 궁금합니다.**

지금까지는 듀나미스 정기예배나 청소년부 집회 요청이 있을 때 스쿨처치를 소개하면서 청소년들이 스쿨처치를 세울 수 있도록 도왔습니다. 그러나 이제는 조금 더 적극적으로 스쿨처치를 세우기 위해서 소식지를 만들고 있습니다. 매달 스쿨처치 소식지를 지역의 교회들로 발송함으로써 지역 교회의 청소년부가 이 일에 조금 더 관심을 가질 수 있도록 할 계획입니다.

코로나19로 인해 스쿨처치들이 많이 해체된 상황입니다. 하지만 여전히 살아 있는 스쿨처치들이 있습니다. 이들의 공통점은 담당 교사가 신앙이 강하다는 점, 줌(Zoom) 등의 미디어를 활용해 모임을 유지하고 있다는 점, 학교 밖 공간을 활용한다는 점 등입니다.

따라서 앞으로 스쿨처치가 지속되기 위해서는 학교 교사들의 신앙 훈련, 각 학교 스쿨처치를 위한 미디어 제작, 아이들이 쉽게 드나들 수 있는 공간 확보가 필요한 상황입니다. 이런 부분이 쉽지 않기 때문에 필연적으로 스쿨처치 사역은 연합의 구조로 갈 수밖에 없습니다.

## Q&A

> 스쿨처치 사역의 도화선이라고 할 수 있는 학교 방문에 관한 노하우가 있다면 나누어 주세요.

우선은 사역자가 학교 교사들과 신뢰를 쌓아야 합니다. 자율 동아리는 원칙적으로 외부인의 출입이 금지되어 있습니다. 따라서 반드시 스쿨처치 담당 교사의 면담 요청이 있어야 학교 출입이 가능합니다. 교사가 사역자 면담을 요청하면 사역자는 행정실에서 해당 교사의 면담 요청으로 학교에 왔다고 말한 후 방문증을 받아서 그 교사와 함께 아이들을 만나면 됩니다.

창체 동아리의 경우에는, 학기 초에 학교 측이 요구하는 서류들(교단 소속증명서, 범죄경력증명서 등)을 제출하면 1년 동안 동아리 모임이 있는 날에는 학교 출입을 자유롭게 할 수 있습니다.

학교 안으로 들어갈 수 있는 유일한 키는 학교 교사입니다. 그렇기 때문에 학교 교사와 친분을 쌓아야 합니다. 각 지역마다 기독 교사 모임이 기도회나 월례회 형태로 다양하게 있는데, 사역자는 그 모임에 함께 참여하면서 교사들과 관계를 형성할 수 있습니다.

교사들이 사역자들을 그렇게 쉽게 믿지는 않습니다. 그만큼 시간을 많이 들여야 합니다. 교사들의 마음에 사역자에 대한 신뢰가 확보되었을 때 비로소 학교 안으로 들어갈 수 있습니다. 인터넷에서 '좋은교사운동', '한국교육자선교회' 등을 검색하면 지역 기독 교사 모임을 찾을 수 있습니다.

## Q&A

> 스쿨처치 사역 중에 만난 가장 기억에 남는 학생이 있다면 사연을 소개해 주세요.

중학교 2학년 학생이었습니다. 부모님이 이혼하시고 엄마와 아빠 모두 이 아이를 집 밖으로 내몰아서 청소년 쉼터에서 지내는 아이였습니다. 이 아이는 당시 기독교가 뭔지도 모른 채 상담해 준다는 말만 듣고 기독교 동아리에 가입을 했습니다.

그리고 스쿨처치 예배를 통해서 하나님을 알게 되고 지역 교회에 등록해 교회를 다니게 되었습니다. 이후 고등학교에 진학해 자기 학교에 스쿨처치를 세웠고, 지금은 자기처럼 어려움에 처한 청소년들을 복음으로 돕기 위해 대학에서 기독교 상담을 전공하고 있습니다.

이 아이는 지금도 여전히 혼자 살면서 힘든 삶을 살아 내고 있지만, 모든 것이 하나님의 은혜라고 고백하면서 범사에 감사가 넘치는 삶을 살고 있습니다.

## Q&A

> 스쿨처치 현역 동역자들과 예비 사역자들에게 격려 및 당부의 메시지를 부탁드립니다.

스쿨처치 사역은 청소년들을 섬기는 사역입니다. 따라서 많은 인내와 포기가 필요합니다. 이 현장에 그 어떤 명예도, 사례도 없다고 생각해야 합니다. 정말 다음 세대를 위해 내 모든 것을 내려놓을 각오가 되어 있어야 합니다.

아이들은 느립니다. 멋진 사역을 만들어 낼 만큼 전문적이지도 않습니다. 저는 제가 가지고 있는 스쿨처치의 비전을 듀나미스 아이들에게 전달하기까지 3년을 아이들 옆에서 기다렸습니다.

아이들이 느리다고, 사역을 잘 못해서 멋진 모습이 나오지 않는다는 이유로 사역자가 스쿨처치를 진두지휘하면 스쿨처치의 의미가 퇴색됩니다. 사역자 중심의 멋진 사역이라는 유혹을 반드시 이겨 내셔야 합니다. 그랬을 때 스쿨처치의 진정한 묘미를 맛보게 되실 겁니다.

스쿨처치 사역은 털리는 사역입니다. 주머니도 털리고, 나의 정신도 털립니다. 자존심까지 털립니다. 하지만 그 어떤 사역보다 더 역동적인 복음의 능력을 경험하게 됩니다. 그리스도의 생명을 정말 강하게 느낄 수 있는 사역입니다. 깊이 기도하시고, 하나님의 부르심이 여기에 있다면 소망을 가지고 전진하세요. 그러면 반드시 열매를 거두시게 될 것입니다.

## Q&A

> 우리 학교에 스쿨처치를 세우겠다는 거룩한 결심을 한 학생들에게 힘이 되는 한 말씀 부탁드립니다.

스쿨처치의 정체성은 예수님을 믿는 사람들이 학교에서도 모여서 같이 말씀 보고 기도하는 것에 있지 않습니다. 스쿨처치는 크리스천들의 친목 모임이 결코 아닙니다.

광야에서 또 사막에서 복음을 외치면서 하나님 나라의 길을 예비하는 것, 어둠이 가득한 학교에 하나님의 빛을 비추는 것, 죄로 물든 다음 세대의 삶의 현장에 예배를 세움으로써 죄를 불사르는 것, 내가 삶으로 말씀을 보여 줌으로써 하나님의 통치를 학교 안에서 이루어 내는 것, 이로 인해 하나님 나라가 학교에 주어지고 하나님 나라의 풍성한 은혜와 생명과 치료와 회복이 친구들에게 주어지는 것! 이것이 스쿨처치의 정체성입니다. 그 일에 여러분이 부르심을 받은 것입니다.

예수님은 광야에서 하나님 나라를 선포했던 세례 요한을 향해 "여자가 낳은 자 중에 가장 큰 자"라고 말씀하셨습니다(마 11:11; 눅 7:28). 그 광야와도 같은 학교에서 하나님 나라를 선포하는 스쿨처치야말로 그 어떤 학교 활동보다 더 크고 값진 것입니다. 이런 하나님 나라의 일에 도전하는 여러분을 예수님의 이름으로 축복하고 축복합니다.

# 교회가 학교를 품게 해요

: 최새롬 목사 (학원복음화인큐베이팅 대표)

**나에게 스쿨처치란,**
하나님의 나라다.

## Q&A

> 섬기고 있는 스쿨처치 사역에 대한 간단한 소개를 부탁드립니다.

'학원복음화인큐베이팅' 사역을 하고 있습니다. 학원복음화인큐베이팅은 지역 교회가 지역 학교를 품어 주는 것을 의미하는데, 지역 교회가 학교 교사들과 연합해서 학교에 기도 모임을 세우는 사역입니다.

지역 교회에 출석하는 청소년들이 다니는 학교가 적게는 2-3개교부터 많게는 80-100개교가 넘습니다. 제가 학원복음화인큐베이팅 방법을 많이 공유할수록 학교에 세워지는 기도 모임이 많아질 것이라는 기대와 사명감을 가지고 사역하고 있습니다.

지역 교회가 사역자를 파송하고 간식을 제공할 수 있도록 학교에 기도 모임이 있다는 것을 공유하고, 동시에 교내 교사에게도 학교 기도 모임의 존재를 알립니다. 교사가 학교 안에서 행정적으로 필요한 일을 도와주고 동아리 담당 교사가 되어 주면 기도 모임을 오래 지속할 수 있습니다.

공립학교 교사들은 한 학교에서 5년 동안 근무하는데, 한 교사와 연결되면 5년 동안 학생들이 학교의 보호를 받으면서 안전하게 기도 모임을 할 수 있습니다. 또 직접 은혜를 경험하고 아이들이 변화된 모습을 본 교사들은 전근을 간 학교에서도 기도 모임을 만들기 때문에 학교 기도 모임이 확장되는 통로가 되기도 합니다.

## Q&A

> 스쿨처치 사역을 시작하게 된 계기 및 다음 세대에 스쿨처치가 필요한 이유를 말씀해 주세요.

2010년 전도사로 사역하던 당시, 토요일 새벽기도를 인도하고 있었는데, 고등학교 음악 교사였던 한 성도님이 학교에서 예배를 드리고 싶다며 예배 인도를 부탁하셨습니다. 그때 처음 공립학교에 방문해서 학생들과 예배드린 일을 계기로 학교 사역을 하게 되었습니다.

스쿨처치 사역이 필요한 이유는 학교가 다음 세대를 만나기 위한 최적의 장소이기 때문입니다. 예전에는 교회 안에 청소년들이 많아서 학교 사역에 대한 교회의 관심이 적은 편이었습니다. 그런데 시간이 흘러서 교회에 청소년이 줄어들고 학생들을 만날 접촉점이 점점 사라졌습니다. 학생들을 교회 안에서 만날 수 없다면 이제는 사역자들이 학교로 찾아가야 합니다.

또 하나의 이유는 스쿨처치 사역으로 교회 사역의 아쉬운 점을 보완할 수 있습니다. 교회가 교회 안에 있는 성도들의 양육과 목양은 정말 잘하고 있지만, 믿음이 없는 사람들에게 복음을 전하는 일에서는 점점 약해지고 있습니다. 그런데 학교 안에는 믿음이 없는 학생이 90%가 넘기 때문에 스쿨처치 사역을 통해 복음을 전할 수 있습니다. 믿음이 없는 학생들에게 모임을 통해서 단 한 번이라도 예수님의 이름을 들려줄 수 있기 때문에 스쿨처치 사역은 반드시 필요합니다.

## Q&A

> 코로나19 이전과 이후 스쿨처치 사역 내용에 대해 설명해 주세요. 특히 포스트 코로나 시대에 구체적인 스쿨처치 사역 계획이 궁금합니다.

코로나19 때문에 학교에서 모임을 제한하고 있어서 이전보다 사역하기가 힘들어진 것은 사실입니다. 그래도 청소년들을 포기하지 않기 위해 크게 3가지 방법으로 사역을 하고 있습니다. 교내에서 여전히 모임이 가능한 학교는 기존의 방식으로 모임을 유지하고 있으며, 외부인 출입이 금지된 학교는 교내 교사가 모임을 인도하고 있고, 모임이 아예 불가한 학교는 줌(Zoom)을 활용해 모이고 있습니다.

팬데믹으로 온라인 사역이 이슈로 떠올랐습니다. 앞으로 당연히 온라인 사역을 해야겠지만, 오프라인으로 모일 수 있는 건강한 공동체 모델을 제공하고 싶습니다. 온라인 소셜미디어로 다양한 관계를 맺을 수 있지만 사람이 느끼는 외로움의 문제를 해결할 수 없기 때문입니다. 공동체에서 공유하는 유대감이 없기 때문에 외로움을 극복하기가 어렵습니다.

예전처럼 많은 인원이 한자리에 모이는 모임은 불가능하지만 소그룹으로 건강한 모임을 만들어 가면서 온라인 시대에 선한 영향력을 나타내고자 합니다.

## Q&A

> 스쿨처치 사역의 도화선이라고 할 수 있는 학교 방문에 관한 노하우가 있다면 나누어 주세요.

학교에 출입하는 것을 어렵게 생각하시는 분이 많습니다. 그런데 의외로 쉬운 방법이 있습니다. 학교의 동아리 제도를 활용하는 것입니다. 학교 교사를 담당 교사로 세우고 기독교 동아리를 만들면, 그 동아리의 외부 강사로 학교에 출입할 수 있습니다. 한 학교에서 자율 동아리 외부 강사가 되면 위촉장이 나옵니다. 그리고 그 위촉장은 학교 네트워크에 공유되어서 다른 학교 방문도 가능하게 해줍니다.

꼭 기독교 동아리가 아니더라도 전공에 맞는 강사로 방문할 수도 있습니다. 예를 들면, 제빵사가 제과제빵 동아리에 강사로 갈 수 있고, 배우가 뮤지컬 동아리에 강사로 갈 수 있으며, 힙합 가수가 랩 동아리의 강사로 학교를 방문해 복음을 전할 수 있습니다. 본인이 전공한 학과가 명시되어 있는 졸업장이 있으면 강사가 될 수 있습니다.

그러나 이 경우에는 복음을 전할 때 보편적인 언어로 바꾸어 말해야 합니다. 직업과 관련해 "이런 삶이 힘들었는데 교회에 가서 힘을 받았다"고 말하면서 자연스럽게 복음을 전해야 합니다. 기독교 동아리로 승인을 받지 않았기 때문에 복음을 전하다가 학교의 제지를 받을 수 있습니다.

## Q&A

**스쿨처치 사역 중에 만난 가장 기억에 남는 학생이 있다면 사연을 소개해 주세요.**

스쿨처치 사역으로 주로 믿음이 없는 학생을 만났기 때문에 방황하는 청소년을 많이 보았습니다. 그중에 가장 기억에 남는 학생은 술을 마시지 않고는 잠을 이루지 못하던 학생입니다. 그 학생은 소주 2병을 마시지 않으면 잠이 오지 않는다며 매일 소주 2병을 마시고 잠을 잤습니다.

그런데 스쿨처치 모임을 3개월 정도 하고 난 뒤에 술이 없어도 잠을 잘 수 있게 되었다며 저를 찾아왔습니다. 환하게 웃던 그 학생의 얼굴이 오래 기억에 남습니다.

청소년들이 유해 사이트에 접속하고 술, 담배, 오토바이, 자해 등으로 일탈을 하는 가장 흔한 이유는 공부 스트레스와 친구와의 갈등과 미래에 대한 걱정 때문입니다. 그런데 아이들은 이런 문제들을 건강하게 해소하는 방법을 찾지 못하고 고통스럽게 살아갑니다. 그런 그들이 스쿨처치 모임에 와서 마음이 평안해지고 일탈을 내려놓게 되었다고 고백하는 모습을 보면 보람도 느끼고 참 감사합니다.

## Q&A

> 스쿨처치 현역 동역자들과 예비 사역자들에게 격려 및 당부의 메시지를 부탁드립니다.

많은 사역자가 스쿨처치 사역을 지속하지 못합니다. 교회는 사역자에게 언제 학생들의 인원이 늘어나는지 재촉하고, 재촉을 받는 사역자는 마음이 급해져서 학생들에게 급하게 교회를 홍보하다가 학교의 문이 닫히기 때문입니다. 학교 사역은 단기간에 이루어지지 않는다는 점을 기억하시고 여유를 가지고 시작하시면 좋겠습니다.

그리고 유연성을 가지고 사역에 임하셔야 합니다. 학교는 공공장소이기 때문에 교회에서 하던 사역을 그대로 할 수 없습니다. 가끔 모임의 담당 교사나 학교 측에서 하지 말라고 하는 일들이 있는데 그 일들은 절대 하지 말아야 합니다. 다 이유가 있기 때문입니다. 너무 열정만 앞세워서 계획대로 했다가는 학교에서 사역을 할 수 없게 됩니다. 학교의 규칙을 잘 따라서 학생들이 수업 시간에 방해를 받지 않도록 주의해 주시기 바랍니다.

마지막으로, 학교에서 교회 이름이나 선교단체를 홍보하는 것은 금지되어 있다는 점을 말씀드립니다. 아이들이 어느 교회에서 오셨냐고 물어볼 때 대답하는 것은 괜찮지만, 사역자가 먼저 자신의 교회에 오라고 말하거나 선교단체 가입을 권할 경우 문제가 됩니다.

## Q&A

> 우리 학교에 스쿨처치를 세우겠다는 거룩한 결심을 한 학생들에게 힘이 되는 한 말씀 부탁드립니다.

교회에서는 성품이나 큐티를 열심히 교육하고 기도와 말씀을 강조하지만 용서와 배려에 대해서는 많은 교육을 하지 않습니다. 그래서인지 학교에서 모임을 할 때 학생들이 가장 많이 하는 질문이 "주일에 예배드리는데 왜 또 예배를 드려야 해요?"와 "저 친구 정말 나쁜 친구인데 저 친구도 꼭 구원을 받아야 해요?"입니다.

내가 싫어하는 친구가 구원을 받는 것이 싫기 때문일 겁니다. 그 마음이 이해도 되면서, 요나가 니느웨를 피해 다시스로 도망가던 모습이 떠올라 많이 안타깝습니다.

쉽지 않겠지만 하나님이 다음 세대를 다음 세대에게 맡기셨다는 사실을 기억하고 싫어하는 친구들도 품어 주면 어떨까요? 그 친구들이 예수님을 몰라서 아직 변화되지 못했다는 긍휼한 마음을 가지고 기도해 주면 좋겠습니다. 그들에게 단 한 번이라도 예수님을 전해 주시길 부탁합니다.

# 지역 교회와 협력해서
# 스쿨처치를 세워요

: **최영환 목사** (새에덴교회 고등2부 담당 사역자)

> **나에게 스쿨처치란,**
> 다음 세대를 넘어 교회 세대를 세우는 사역이다.

## Q&A

**섬기고 있는 스쿨처치 사역에 대한 간단한 소개를 부탁드립니다.**

---

**스쿨처치라는 말 그대로 학교 안에 교회를 세우고 있습니다.** 교회를 학교 안에도 세우기 위해 팬데믹 이전에는 직접 학교에 방문해 예배를 인도했고, 지금은 줌(Zoom)으로 아이들을 만나 예배하고 있습니다.

학교에서 스쿨처치 모임을 하면 우리 교회 학생들뿐 아니라 믿음이 없는 학생들도 참석하기 때문에 전도의 문이 열리기도 합니다. 감사하게도 전도가 된 학생들은 집에서 가장 가까운 교회에서 예배드리도록 안내하고 있습니다.

**학교에 방과 후 활동 강사를 지원하는 사역도 하고 있습니다.** 학교는 학생들이 자신의 적성을 찾을 수 있도록 다양한 방과 후 활동을 열고, 주제에 맞추어 학생들을 지도해 줄 강사를 찾습니다. 실용음악, 기타, 무용, 샌드 아트, 코딩 등에 전문 지식을 갖춘 강사가 필요하기 때문에 교회는 해당 과목을 전공한 청년들을 강사로 추천합니다. **전문 인력을 지원하면서 학교의 소통 창구를 열 수 있고, 교회 청년들에게 자신의 전공을 살린 강사 경력을 쌓는 기회를 제공할 수 있습니다.**

학교에 채용된 강사가 직접적으로 복음을 전할 수는 없지만 학생들에게 선한 영향력을 끼칠 수 있기 때문에 삶으로 복음을 보여 줄 수 있는 좋은 기회라고 생각합니다.

## Q&A

> 스쿨처치 사역을 시작하게 된 계기 및 다음 세대에 스쿨처치가 필요한 이유를 말씀해 주세요.

교회에서 2019년 신년축복성회 때 담임목사님의 말씀을 들으면서 '우리 학생들을 어떻게 믿음으로 키울 수 있을까? 어떻게 교회 세대가 되게 할까?' 고민을 하다가 '학교 안에 기도 모임을 만들면 어떨까?'라는 마음이 생겼습니다.

그리고 기도하면서 주일마다 느헤미야 말씀을 통해 학교 안에 하나님의 성전, 교회를 세워야 한다고 설교했습니다. 설교를 시작한 주일부터 학교 안에 기도 모임을 만들어 보겠다고 결심하는 아이들이 하나둘 생겨났습니다. 어떻게 기도 모임을 만들 수 있을지 아이들과 소통하며 찾은 방법은 자율 동아리를 만드는 것이었고, 각 학교에 자율 동아리를 만들면서 스쿨처치 사역을 시작했습니다.

다음 세대에 스쿨처치가 필요한 이유는 분명합니다. 진정한 예배에는 성도들의 소통과 교제가 있어야 하는데, 우리 아이들과 소통이 가능한 공간이 바로 학교이기 때문입니다.

학교에서 크리스천들이 함께 모여 은혜를 나누고 예배하며 기도할 때 진정한 교회의 모습으로 살아갈 수 있습니다. 학교는 공부만 하는 곳이 아니라 하나님을 예배하고, 하나님을 위해 공부하며, 세상의 빛과 소금으로 살아가기 위해 준비되는 곳이 되어야 합니다.

## Q&A

코로나19 이전과 이후 스쿨처치 사역 내용에 대해 설명해 주세요. 특히 포스트 코로나 시대에 구체적인 스쿨처치 사역 계획이 궁금합니다.

전에는 학교 방문이 그리 어렵지 않았지만, 현재는 팬데믹으로 인해 외부인 출입이 거의 금지된 상황입니다. 그러나 사역자가 학교에 들어갈 수 없다고 해서 스쿨처치 사역이 끝난 것은 아닙니다. 진짜 예배자들은 학교 안에 들어갈 수 있기 때문입니다.

이번 코로나19로 한 가지 사실을 확실하게 확인했습니다. 스쿨처치는 학생들의 사역이라는 것입니다. 사역자 의존도가 높았던 스쿨처치는 쉽게 흩어졌지만, 학생들의 자발성이 높았던 스쿨처치는 모임을 이어 나갔습니다. 자발성이 높은 학생들은 사역자가 관여하지 않아도 스스로 모임 담당 선생님을 찾고 모임 장소를 섭외하는 등 적극성이 있기 때문입니다.

앞으로 코로나19뿐 아니라 다른 변수들로 인해 학교에 들어가지 못하는 경우가 생길 수 있습니다. 어떤 상황에도 흔들리지 않는 스쿨처치를 세우기 위해서는 학생 리더들을 키워 내야 합니다. 이제는 청소년들이 주도적으로 학교에서 리더가 되어서 하나님의 나라를 세워 가는 군사가 되도록 양육해야 합니다. 따라서 우리 학생들이 학교의 리더가 되어 스쿨처치를 세울 수 있도록 교회에서 집중 훈련을 할 계획입니다.

## Q&A

> 스쿨처치 사역의 도화선이라고 할 수 있는 학교 방문에 관한 노하우가 있다면 나누어 주세요.

사역자 개인이 자유롭게 학교에 방문할 수 있는 방법은 거의 없습니다. 그러나 아예 불가능한 것은 아닙니다. 교회에서 학교 정규 교과목 외에 수업에 필요한 강사가 있는지 파악해서 지원해 준다면 학교에 방문할 수 있습니다.

청소년 상담 교사나 청소년 대학 입시 컨설팅 등 학교 교사 외에 또 다른 강사가 필요한 경우가 있습니다. 이때 교회에서 전문가들을 지원해 주고 학교와 소통하면서 교제를 시작하면 학교에서도 기쁜 마음으로 문을 열어 줍니다.

교회 내에서 전문가들을 찾기 어렵다면 사역자가 직접 청소년 상담 자격증을 취득하거나 또 다른 전공을 살려 학교에 방문하는 방법도 고려해 볼 수 있습니다.

## Q&A

> 스쿨처치 사역 중에 만난 가장 기억에 남는 학생이 있다면 사연을 소개해 주세요.

약간 소심하고 뒤에서 조용히 하나님을 섬기던 학생이 있었습니다. 그런데 스쿨처치를 세워야 한다는 말씀을 듣고 왠지 자기가 이 일을 해야 할 것만 같은 마음이 들었다고 합니다.

기도를 할수록 담대함이 생긴 학생은 어느 날 스쿨처치 동아리에 가입할 친구들을 모으기 시작했습니다. 하지만 아무리 힘을 써도 동아리 개설에 필요한 최소 인원 8명을 모으지 못했습니다. 다음 날이면 동아리 신청이 끝나는 날인데, SNS에 광고를 하고 친구들에게 수소문을 해봐도 6명밖에 모집이 되지 않자 학생은 교회에 도움을 요청해 왔습니다. 다름 아닌 기도 요청이었습니다.

이 학생의 기도 요청을 받고 사역자들과 교사들은 한밤중에 하나님께 부르짖으며 기도했습니다. 그리고 다음 날 아침, 놀라운 일이 일어났습니다. 동아리 개설 마감이 임박한 순간, 2명의 친구에게 스쿨처치 동아리에 가입하겠다는 연락이 온 겁니다.

이 학생은 기쁜 목소리로 소식을 알려왔습니다. 그리고 이 일을 통해 하나님의 살아 계심을 확실하게 깨달았다며 믿음의 고백을 했습니다. 자신을 사용해 주시는 하나님께 감사하며 행복하게 스쿨처치를 시작했던 그 학생이 가장 기억에 남습니다.

## Q&A

> 스쿨처치 현역 동역자들과 예비 사역자들에게 격려 및 당부의 메시지를 부탁드립니다.

먼저, 참으로 어려운 시기에 귀한 소망을 품고 계시는 사역자님들에게 응원과 격려의 메시지를 보내고 싶습니다.

스쿨처치 사역을 하다 보면 다른 교회에서 스쿨처치 사역을 하는 사역자분들도 만나게 됩니다. 사역 방법이 겹치기도 하고, 같은 학생들을 전도 대상자로 삼기도 합니다. 그러나 가장 중요한 것은 아이들을 하나님께 돌아오게 하는 것이라고 생각합니다. 학생들이 무조건 자신의 교회에 출석하기를 강요하기보다는 사역자들이 한마음이 되어 청소년들에게 하나님을 알려 주는 일에 힘쓰면 좋겠습니다.

그리고 지역 교회의 사역자들이 네트워킹될 수 있도록 조금 더 큰 교회가 앞장서 주시기를 부탁드립니다. 재정과 장소가 조금 더 여유 있는 교회에서 조금 더 작은 교회들을 섬기면서 함께 스쿨처치를 세워 간다면 참 아름다운 사역이 될 것 같습니다.

우리 다음 세대들은 그냥 다음 세대가 아니라 주님의 몸 된 교회를 세워 가는 교회 세대로 세워져 가야 합니다. 그렇기 때문에 스쿨처치 사역을 우리가 반드시 실천해야 합니다. 이 일에 우리 모든 한국 교회 동역자분들이 힘을 합해 주시고 마음을 모아 주시기를 부탁드립니다.

## Q&A

우리 학교에 스쿨처치를 세우겠다는 거룩한 결심을 한 학생들에게 힘이 되는 한 말씀 부탁드립니다.

---

스쿨처치를 통해 얻을 수 있는 여러 유익을 말해주고 싶습니다.

첫째, 청소년이 교회를 세울 수 있는 기회입니다. 교회를 세우는 것은 하나님이 기뻐하시는 일이고, 영혼을 구원하는 일이고, 이 나라와 민족을 살리는 길입니다. 바로 이런 교회를 세우는 일이 스쿨처치 사역이라는 사실을 기억하셨으면 좋겠습니다.

둘째, 여러분의 삶과 믿음이 달라질 겁니다. 스쿨처치를 통해 선데이 크리스천으로 살던 친구들이 진정한 하나님의 예배자, 하나님의 군대로 변화되었습니다. 내가 무엇을 위해 살고, 무엇을 위해 공부해야 하는지 분명한 비전을 갖게 되었습니다. 스쿨처치는 삶을 대하는 태도를 바꾸어 주고, 진짜 크리스천으로 변화 시켜 줄 겁니다.

셋째, 스쿨처치 동아리를 세우는 것에는 '도전'의 의미가 담겨 있습니다. 이것은 대학 입시에 필요한 자기소개서에서 자신을 드러낼 수 있는 요소가 됩니다. 이전에 없었던 동아리를 개설하고, 그 동아리를 이끌어 왔다는 내용은 리더십을 보여 주는 데 큰 역할을 할 것입니다.

아직도 스쿨처치 사역을 시작해야 하는지 망설이고 있는 학생이 있다면 자신 있게 사역을 시작하시기를 응원합니다.

# 부록 2

## 스쿨처치
## 학생 예배자 Q & A

SCHOOL CHURCH

하나님은 우리와 항상 함께하십니다.
절대로 혼자라고 생각하지 마시고,
하나님께 기도하며
스쿨처치를 세워 가시기 바랍니다.

류호경 학생
엄예솔 학생
임현아 학생
지정훈 학생
황예희 학생

# 학교에서만 누릴 수 있는 은혜가 있어요

**: 류호경 학생 (인천○○고등학교)**

**Q 스쿨처치를 시작하게 된 계기가 궁금합니다.**

중학교 1학년 때 교회에서 "스쿨처치 이야기"라는 영상을 보고 '고등학생이 되면 나도 스쿨처치를 해야겠다'고 생각하고 있었습니다. 그런데 얼마 뒤 주변에 있는 중학교에서 학생들이 스쿨처치를 세워 가고 있다는 사실을 알게 되었고, '고등학교에 가서가 아니라 지금부터 스쿨처치를 세워야겠다'고 다짐했습니다. 그때부터 1년간 스쿨처치를 위해 기도한 뒤 2학년이 되어서 기도 모임을 시작했습니다.

**Q 우리 학교 스쿨처치를 운영 방법을 알려 주세요.**

기독교 자율 동아리를 통해 스쿨처치를 이어 가고 있습니다. 스쿨처치를 준비하는 친구들은 모두 동아리 부원들이고, 매년 3월 자율 동아리 모집 기간을 통해 1년간 함께 예배를 준비할 친구들을 모집합니다. 코로나19가 유행하기 전에는 매주 목요일마다 음악실에서 학생들과 선생님들을 대상으로 예배를 드리고 금요일마다 기도회를 진행했지만, 현재는 한 달에 한 번 주말에 온라인 예배를 드리고 있습니다.

**Q 스쿨처치 모임 중 힘들었던 일이 있었다면 무엇이었나요?**

중학교에서 예배를 드리려고 할 때 두 분의 선생님을 제외한 모든 선생님이 기도 모임을 반대하셔서 모임 장소를 정하기가 어려웠습니다. 그래서 선생님들의 반대와 친구들의 방해를 피해 보건실 안에 있는 작은 안정실 안에 5명이 들어가 목소리를 낮추고 예배를 드렸는데, 다른 친구들의 눈치도 보이고 마음이 위축되어서 정말 힘들었습니다.

**Q 힘들었던 일은 어떻게 극복했나요?**

스탠드그라운드의 '네일로' 사역팀이 우리 학교에 방문한 날, 한 청년분이 "너희는 지금 진리를 좇고 있는 거야. 진리는 절대 쫄면 안 돼"라고 말씀해 주셨습니다. 그때 학교에서 핍박을 가장 심하게 받고 있었던 시기라 저를 포함한 기도 모임 친구들이 모두 힘들었는데, 그 말을 듣고 담대함이 생겨서 다시 스쿨처치를 열심히 할 수 있었습니다.

**스쿨처치를 통해 힘을 얻었던 일이 있었다면 무엇이었나요?**

고등학교 2학년 때 스쿨처치의 인도자가 되었습니다. 고등학교 3학년 선배들도 있는데 제가 인도를 맡게 되니 부담스럽기도 하고 저의 부족한 모습들만 보여서 "하나님, 제발 예배를 인도할 때 친구들의 얼굴이 아니라 하나님만 생각하게 해주세요"라고 기도했던 기억이 납니다.
그러던 어느 날 기도회를 하는 중에 눈을 떠서 전심으로 기도하고 있는 친구들의 얼굴을 보면서 '나의 노력이 아니라 하나님이 이 친구들에게 은혜를 주시는 거구나'를 깨닫게 되었습니다. 그 후로는 스쿨처치 모임을 온전히 하나님께 맡기고 담대하게 예배를 드렸습니다.


**스쿨처치를 하면서 가장 기억에 남는 에피소드는 무엇인가요?**

고등학교 1학년 마지막 예배 때 음악실에서 의자와 책상을 모두 빼고, 사용할 수 있는 모든 악기를 동원해 찬양 예배를 드렸던 일이 가장 기억에 남습니다. 좁은 음악실에서 30명쯤 되는 학생들이 다 같이 손을 잡고 뛰면서 찬양했던 모습이 생생합니다. 지금은 코로나19 때문에 모여서 예배 드릴 수 없어서 참 속상합니다.

**Q** 이제 막 스쿨처치에 도전을 받고 스쿨처치를 세우려는 친구들에게 용기를 북돋워 주는 한마디 부탁드립니다.

우리 청소년들을 향한 하나님의 등불은 아직 꺼지지 않았습니다! 주변을 잘 살펴보면, 생각보다 예배를 갈망하는 친구들이 많습니다. 하나님이 부르신 학교에서 소금과 빛이 되어 하나님을 찬양하는 여러분이 되시길 기도하겠습니다.

**Q** 스쿨처치를 한마디로 표현해 주세요.

"나에게 스쿨처치란 필름 카메라다."

필름 카메라는 디지털카메라보다 사용하기가 어렵고 불편하지만, 여전히 사용하는 사람들이 있습니다. 학교 예배도 마찬가지라고 생각합니다. 학교 예배에서만 누릴 수 있는 은혜가 있습니다. 그래서 저는 학교에서도 하나님을 예배해야 한다고 생각합니다.

# 급식보다 기도 모임이 좋아요

: 엄예솔 학생 (서울○○고등학교)

**Q 스쿨처치를 시작하게 된 계기가 궁금합니다.**

1학년 때 점심을 먹으러 급식실에 가다가 학교 기도 모임을 운영한다는 포스터를 보고 중학교 때 잠깐 다녔던 기도 모임이 생각나서 참여했습니다. 기도 모임을 통해서 학교에서 더욱 하나님의 자녀다운 모습으로 살아갈 수 있을 것 같았고, 한 번이라도 더 우리 학교를 위해 기도하는 시간을 가질 수 있을 것 같아서 시작하게 되었습니다.

**Q 우리 학교 스쿨처치를 운영 방법을 알려 주세요.**

코로나19가 유행하기 이전에는 3개 학년이 금요일 점심시간에 다 함께 모여 찬양하고 기도 제목을 나누며 기도 모임을 진행했습니다. 그러나 지금은 코로나19라는 특수한 상황으로 인해 모두 한자리에 모이지 못하고 있습니다. 다 같이 모이지는 못하지만, 우리 학년인 3학년 친구들 3명이라도 모여서 그날의 공동 기도 제목과 맞는 찬양을 선정해 함께 부르고 기도하며 모임을 운영하고 있습니다.

**Q 스쿨처치 모임 중 힘들었던 일이 있었다면 무엇이었나요?**

코로나19로 인해 스쿨처치 모임 홍보를 하는 데 한계가 있어서 힘든 시간을 보내고 있습니다. 팬데믹으로 저와 제 친구들만 기도 모임에 참여하고 있는데, 우리는 모두 고등학교 3학년으로 곧 졸업을 하게 됩니다. 우리가 졸업하면 기도 모임이 중단되고 사라질까 봐 걱정이 됩니다.

**Q 힘들었던 일은 어떻게 극복했나요?**

스쿨처치를 이어갈 후배들을 찾기 위해서 SNS와 교내 게시판을 활용해서 열심히 홍보하고 있습니다. 그런데 아직 스쿨처치 모임을 하겠다는 후배들이 나오지 않아서 큰일입니다. 많은 선생님과 학생들의 관심이 필요합니다.

**Q 스쿨처치를 통해 힘을 얻었던 일이 있었다면 무엇이었나요?**

매주 금요일은 맛있는 급식이 나오는 날입니다. 많은 학생이 맛을 즐기며 천천히 식사하는 날이지만, 저는 기도 모임에 가기 위해 밥을 빨리 먹습니다. 점심 급식에 미련을 두지 않고 매번 즐겁게 기도 모임에 가는 제 모습을 보고 친구들이 "너를 보면 하나님을 믿어 보고 싶어", "교회 다니는 게 재미있을 것 같아"라는 말을 하는데, 그 말을 들으면 스쿨처치를 계속 이어 갈 힘과 용기가 생깁니다.

**Q 스쿨처치를 하면서 가장 기억에 남는 에피소드는 무엇인가요?**

제가 스쿨처치에 처음 참여했던 1학년 때는 우리 학년 친구들이 아무도 없었습니다. 그래서 매번 2학년, 3학년 언니들과 기도 모임을 했는데, 매주 같은 학년의 새로운 친구들이 모임에 왔습니다. 그러던 어느 날 기도 모임을 진행하는 교실이 꽉 찰 정도로 많은 학생이 모였습니다. 그날 많은 학생과 뜨겁게 찬양하고 기도했던 순간이 가장 기억에 남습니다.

**Q** 이제 막 스쿨처치에 도전을 받고 스쿨처치를 세우려는 친구들에게 용기를 북돋워 주는 한마디 부탁드립니다.

스쿨처치를 시작하려는 마음을 가지셨다니 그 모습이 정말 아름답다고 생각합니다. 그리고 하나님이 기뻐하실 것 같습니다. 하나님이 항상 함께하시면서 스쿨처치를 이끌어 가실 테니까 두려워하지 않으셨으면 좋겠습니다. 하나님은 우리가 생각하지 못한 방법으로도 도움을 주시니 포기하지 않고 계속 도전하시기 바랍니다. 그리고 기도하며 스쿨처치를 세워 가면 충분히 하실 수 있을 겁니다. 제가 있는 자리에서 스쿨처치를 새롭게 시작하거나 인도하고 있는 친구들을 위해 기도하면서 응원하겠습니다. 파이팅!

**Q** 스쿨처치를 한마디로 표현해 주세요.

"나에게 스쿨처치란 작은 불꽃이다."

작은 불꽃이 모여 큰 산을 태우듯이 우리의 기도 모임을 통해서 학교를 변화시킬 수 있다고 믿습니다. 우리의 기도로 하나님의 향기가 넘치는 학교가 될 거라고 기대하기 때문에 끝까지 스쿨처치를 붙잡고 나아갈 것입니다.

# 왕따를 당해도 괜찮아요

: 임현아 학생 (대전○○고등학교)

**Q 스쿨처치를 시작하게 된 계기가 궁금합니다.**

학교에 입학해 보니 아는 친구가 한 명도 없었습니다. 예술고등학교 특성상 자신의 전공을 살려서 입학하기 때문에 중학교 때 함께 공부했던 친구들을 만나기가 어렵습니다. '친구 한 명도 없이 학교에 어떻게 적응해야 하나' 걱정하고 있었는데, 그때 한 친구가 스쿨처치 모임에 저를 데리고 갔습니다. 그 친구 덕분에 입학하자마자 스쿨처치 모임을 하게 되었고, 스쿨처치 선배들의 도움으로 학교에 적응을 잘할 수 있었습니다.

**Q 우리 학교 스쿨처치를 운영 방법을 알려 주세요.**

학교에서 많은 인원이 모일 수 있는 장소가 음악실이라 장소를 섭외하기 위해 음악과 선생님들을 찾아갔습니다. 다행히 크리스천 선생님이 계셨고 음악실을 사용할 수 있게 해주셔서 음악실에서 모임을 하고 있습니다. 인원은 평균적으로 20명 정도가 모이고 전도사님이 일주일에 한 번 오셔서 예배를 인도해 주십니다. 예배는 찬양을 부르고, 말씀을 듣고, 기도하는 순으로 진행되는데, 찬양 소리가 음악실 밖까지 퍼져 나가서 스쿨처치가 자연스럽게 홍보되는 효과가 있습니다.

**스쿨처치 모임 중 힘들었던 일이 있었다면 무엇이었나요?**

코로나19로 인해서 스쿨처치 모임을 못 하게 된 지 1년이 넘었을 때 다시 기도하고 찬양하는 모임을 세워야겠다고 생각했습니다. 그리고 친구들을 모으기 시작했습니다. 그러나 하나같이 반응이 좋지 않았습니다. "주일에 교회에서 예배드리면 됐지, 학교에서까지 예배를 드려야 해?", "점심시간에 놀아야지 무슨 기도 모임이야"라는 말을 들었습니다. 그때 왕따를 당하고 있던 한 친구가 눈에 들어왔습니다. 그 친구는 왕따를 시키는 친구들의 괴롭힘을 피해 학교에 오면 집에 갈 때까지 밥도 먹지 않고, 이동 수업도 가지 않고, 잠만 잤습니다. 첼로를 전공하는 친구였는데 그 친구가 연주를 할 때마다 다른 친구들이 작정하고 노려보는 탓에 번번이 연주도 망쳤습니다.

그 친구에게 "하나님이 너를 사랑하고 계셔"라고 말하며 힘이 되어 주고 싶었지만 쉽게 다가갈 수 없었습니다. 저도 같이 왕따를 당하게 될까 봐 두려웠기 때문입니다.

그래도 기도하고 고민한 끝에 용기를 내서 그 친구에게 다가갔습니다. 그리고 매일 그 친구와 피아노실에 가서 찬양을 부르고 묵상한 말씀을 나누었습니다. 그 친구가 하나님의 사랑을 깨닫고 마음을 회복하기를 간절히 바랐기 때문입니다. 하지만 걱정했던 것처럼 노는 친구들이 저도 같이 괴롭혀서 힘든 시간을 보내야 했습니다.

**Q 힘들었던 일은 어떻게 극복했나요?**

어려움에 굴하지 않고 피아노실에서 계속 예배를 드리면서 극복했습니다. 힘든 일을 겪을 때 가장 힘이 되어 주시고 위로가 되어 주신 분은 하나님이십니다. 하나님이 우리와 함께하시니 두려울 것이 없었습니다.
1년이 지난 뒤 왕따를 당하던 친구는 완전히 다른 사람으로 바뀌었습니다. 왕따를 시키던 친구들에게 이전과 같이 괴롭힘을 당해도 기죽지 않고 당당하게 맞섰고, 아무리 노려보는 시선이 많아도 여유롭게 첼로 연주를 펼쳤습니다. 친구의 달라진 모습에 나쁜 친구들의 괴롭힘도 점점 줄어들었습니다. 그 친구는 지금 새로운 친구도 많이 사귀었고, 우리 둘 다 즐거운 학교생활을 하고 있습니다.

**Q 스쿨처치를 통해 힘을 얻었던 일이 있었다면 무엇이었나요?**

악기를 연주하면서 슬럼프가 온 적이 있습니다. '내가 계속 이 악기를 다루어도 될까?', '이 길이 정말 나의 길인가?'라는 고민을 하던 때였습니다. 게다가 친한 친구까지 자퇴를 하면서 음악을 포기하고 싶었습니다. 그러던 어느 날 스쿨처치 예배를 드리는데, 하나님이 저의 길을 인도하고 계신다는 사실이 깨달아졌습니다. 저는 하나님만 믿고 순종하면 된다는 확신이 생겼습니다. 그날 크게 위로를 받았고 다시 힘을 내서 음악을 해야겠다고 다짐했습니다.

**스쿨처치를 하면서 가장 기억에 남는 에피소드는 무엇인가요?**

<mark>학교에 예배를 인도하러 오시는 전도사님께 생일 파티를 해드렸던 날이 기억에 남습니다.</mark> 우리 학교에 전도사님이 섬기시는 교회의 학생이 한 명도 없지만, 전도사님은 단지 학교예배자들을 섬기러 매주 한 번씩 방문해 주고 계셨습니다. 오실 때마다 간식도 넉넉하게 가져오셔서 친구들과 나눠 먹으라고 하신 덕분에 친구들에게 스쿨처치의 인기가 좋았습니다.

늘 받기만 했지 전도사님께 감사를 표현할 기회가 없었는데, 마침 생일을 기회로 삼았습니다. 스쿨처치 모임을 하는 학생들이 칠판을 가득 채워 편지를 썼고 교실을 꾸미고 케이크를 준비해서 생일 파티를 했습니다. 그날 전도사님이 행복해하시면서 칠판에 적힌 편지들을 사진에 담아 가셨던 장면이 생각납니다.


**이제 막 스쿨처치에 도전을 받고 스쿨처치를 세우려는 친구들에게 용기를 북돋워 주는 한마디 부탁드립니다.**

처음에 스쿨처치 모임에 간다고 하면 친구들이 이상한 시선을 보낼 수도 있고 안 좋은 소리를 듣게 될 수도 있습니다. 모임을 하다가 어려운 순간을 만나기도 합니다. 그러나 포기하지 말고, 학교에서도 크리스천으로 살아가기 위해 스쿨처치 모임을 계속하면 좋겠습니다. 하나님이 역사해 주시기 때문입니다. 시작이 두려울 뿐이지 일단 시작하고 나면 하나님의 일하심을 보게 될 것입니다.

**Q 스쿨처치를 한마디로 표현해 주세요.**

"나에게 스쿨처치란 밥이다."

우리에게 밥은 주식입니다. 때로는 떡볶이, 햄버거, 피자를 먹기도 하지만 떡볶이가 아무리 좋아도 일주일 내내 떡볶이만 먹을 수 없고, 햄버거가 아무리 좋아도 햄버거만 먹으면서 살 수는 없습니다. 결국 밥으로 돌아옵니다. 귀찮아서 밥을 몇 끼 정도 안 먹을 수는 있지만 밥을 먹지 않으면 힘도 생기지 않고 무언가를 할 원동력이 사라집니다.

스쿨처치도 딱 그런 것 같습니다. 주일에 예배드렸으니까 신앙생활을 다 했다고 할 수 없습니다. 매일 육신의 양식을 먹어야 하는 것처럼 매일 믿음의 양식을 먹어야 영혼이 살 수 있습니다. 말씀을 먹은 만큼 힘이 나고 진정한 크리스천으로 성장할 수 있습니다.

스쿨처치는 우리가 매일 말씀을 먹으며 신앙생활을 할 수 있게 도와줍니다. 스쿨처치는 우리로 하여금 말씀을 먹게 하고, 가장 많은 시간을 보내는 학교에서도 크리스천으로 살아갈 수 있게 합니다. 그래서 스쿨처치는 '밥'입니다.

# 외로움과 이별했어요

### : 지정훈 학생 (감리교신학대학교, 인천○○고등학교 졸업)

**Q. 스쿨처치를 시작하게 된 계기가 궁금합니다.**

고등학교 2학년 때 친구들끼리 스쿨처치를 만들자는 의견이 나왔습니다. 그래서 스쿨처치를 세워 보려고 했는데, 친구들의 의견이 엇갈리는 바람에 스쿨처치를 세우지 못하고 3학년에 올라가게 되었습니다. 다행히 3학년 생활을 하는 중에 2학년 학생 한 명이 스쿨처치를 시작한다는 소식을 듣게 되었고, 그 학생과 함께 스쿨처치 모임을 시작했습니다.

**Q. 우리 학교 스쿨처치를 운영 방법을 알려 주세요.**

학교에서 예배드리는 모임으로 스쿨처치를 시작했지만, 코로나19가 유행하면서 큐티 모임 형식으로 진행하고 있습니다. 대면 수업 기간에는 교실을 빌리거나 근처에 있는 카페에서 모이고, 비대면 수업 기간에는 줌(Zoom)으로 모여서 기도로 시작합니다. 한 명이 짧게 기도를 하면 일주일 동안 있었던 일, 고민하고 있는 일 등 자유롭게 이야기를 나누고 말씀 묵상에 들어갑니다. 그리고 다시 기도하며 모임을 마무리합니다.

### Q 스쿨처치 모임 중 힘들었던 일이 있었다면 무엇이었나요?

모이는 시간을 조율하는 것이 어려웠습니다. 적게는 10명에서 많게는 20명 정도가 모이는데, 아무리 조율을 해도 다 같이 모일 수 있는 시간이 없어서 가장 많은 인원이 모일 수 있는 날로 정하곤 했습니다. 학년이 올라가면서 공부가 더 중요해진 친구들이 모임에 오지 않아 스쿨처치 모임이 사라질 위기에 처한 적도 있습니다. 저도 참석하지 못한 날이 있었는데, 리더인 친구 혼자 30분을 기다리다가 집에 갔다고 합니다. 그 친구가 잔뜩 실망한 목소리로 전화했던 날을 아직도 잊을 수가 없습니다.

### Q 힘들었던 일은 어떻게 극복했나요?

우리 학교의 스쿨처치 모임은 학생들끼리 모여서 만든 스쿨처치라 담당 선생님도 계시지 않았고, 외부에서 방문해 주시는 사역자분도 없었습니다. 그래서 스쿨처치에 참여하는 친구들이 서로를 격려해 주고 기도하면서 힘든 일들을 극복해 왔습니다.

**스쿨처치를 통해 힘을 얻었던 일이 있었다면 무엇이었나요?**

학교라는 세상 속에서 신앙생활을 하는 데 많은 도움을 받았습니다. 중학교 때부터 목회자가 되겠다고 다짐하고 친구들에게도 말했는데, 기독교를 욕하는 친구들이 늘 있었습니다.
그럴 때마다 '왜 내 주변에는 크리스천 친구가 없을까? 외롭다'라는 생각을 많이 했습니다. 그런데 고등학교에서 스쿨처치를 하면서 저를 응원해 주는 친구들을 만나서 좋았습니다.


**스쿨처치를 하면서 가장 기억에 남는 에피소드는 무엇인가요?**

스쿨처치를 시작하고 처음으로 다른 학교들의 스쿨처치와 연합예배를 드렸던 날이 기억에 남습니다. 우리 학교 친구들 외에도 많은 학생이 학교에서 크리스천으로 살아가기 위해 노력하면서 스쿨처치 모임을 하고 있다는 사실을 알게 되어서 참 기뻤습니다. 코로나19가 유행하기 전에는 한 달에 한 번씩 모여 스쿨처치 연합예배를 드렸는데, 지금은 비대면으로 예배를 드리고 있어서 많이 아쉽습니다.

**Q** 이제 막 스쿨처치에 도전을 받고 스쿨처치를 세우려는 친구들에게 용기를 북돋워 주는 한마디 부탁드립니다.

한국 교회에 대한 인식이 좋지 않은 시기에 스쿨처치를 세우기로 다짐하셨다니 찬사를 보내고 싶습니다. 뜨거운 열정으로 스쿨처치를 시작하지만 기대와 다르게 초기에는 혼자 예배를 드리게 될지도 모릅니다. 그러나 힘들고 포기하고 싶을지라도 스쿨처치 모임의 자리를 지키시라고 당부하고 싶습니다. 하나님은 우리와 항상 함께하십니다. 절대로 혼자라고 생각하지 마시고, 하나님께 기도하며 스쿨처치를 세워 가시기 바랍니다.

**Q** 스쿨처치를 한마디로 표현해 주세요.

"나에게 스쿨처치란 동아줄이다."

스쿨처치는 학교에서 신앙생활을 유지할 수 있게 해주는 동아줄이라고 생각합니다. 학교에서는 동아줄을 놓으라고 하지만, 동아줄을 놓지 않고 계속 잡고 있을 때 신앙을 지킬 수 있습니다.

# 단지 기도의 자리를 옮기는 것뿐이에요

: 황예희 학생 (원주○○고등학교)

**Q** 스쿨처치를 시작하게 된 계기가 궁금합니다.

중학교 3학년 때 원주의 '청소년선교단체 다윗세대' 정기예배에 참석했다가 처음 스쿨처치를 접했습니다. 기도 모임이 있는 학교는 게시판에 이름이 붙어 있었고, 기도 모임이 없는 학교는 광고 시간에 모니터에 하나하나 이름이 실렸습니다. 그리고 제가 다니고 있는 중학교 이름을 모니터에서 보았는데 매우 속상했습니다. 제가 중학교 2학년 때까지는 기도 모임이 있었다는 것을 알고 있어서 당연히 유지되고 있는 줄 알았는데 사라졌던 것입니다. 그래서 다시 학교 기도 모임을 회복하고자 하는 마음으로 친구와 함께 기도 모임을 시작했습니다.

**Q** 우리 학교 스쿨처치를 운영 방법을 알려 주세요.

우리 학교의 스쿨처치는 자율 동아리로 세워져 있습니다. 원래는 많은 학생을 모집하기 위해 홍보지도 붙였었는데, 코로나19 사태로 기도 인도자인 친구와 몇 명만 모여서 매주 화요일과 목요일 아침 8시 10분에 기도 모임을 합니다.

현재 학교에서 온라인 수업과 오프라인 수업이 격주로 진행되고 있기 때문에 온라인 수업을 하는 학생들은 줌(Zoom)으로, 오프라인 수업을 하는 학생들은 가정실에 모여서 함께 찬양을 부르고 학교를 위해, 학생들과 선생님들을 위해, 우리의 스쿨처치를 위해 기도하고 있습니다.

### Q 스쿨처치 모임 중 힘들었던 일이 있었다면 무엇이었나요?

교감 선생님의 반대로 동아리를 만들지 못할 뻔했습니다. 그러나 저는 스쿨처치 모임을 꼭 하고 싶었기 때문에 학급 회장이라는 것을 기회로 삼아 학생자치회실에서 기도 모임을 진행했습니다.
그리고 함께할 친구들을 모집하기 위해서 SNS에 익명으로 글을 올리는 곳에 부탁해서 홍보를 했습니다. 그 글에 차라리 아무 반응이 없었다면 좋았을 텐데 학생들의 반응이 매우 나빴습니다. 댓글들을 보는 순간, 제가 과연 옳은 행동을 하는 것인지 고민이 되어 힘든 시간을 보냈습니다.

**Q 힘들었던 일은 어떻게 극복했나요?**

원주에 있는 '청소년선교단체 다윗세대' 간사님들의 도움이 정말 컸습니다. SNS에 올렸던 홍보 글을 간사님들이 보셨고 저의 용기가 정말 멋있다고 응원하고 격려해 주셨습니다. 특히 우리 학교를 섬기고 계셨던 담당 간사님이 많은 관심을 가져 주시고 신경 써 주신 덕분에 스쿨처치를 세우는 일을 포기하지 않을 수 있었습니다.

**Q 스쿨처치를 통해 힘을 얻었던 일이 있었다면 무엇이었나요?**

고등학교에 입학했을 때는 '내가 어떻게 아침에 일찍 등교해서 기도 모임에 참석할 수 있을까?'라는 생각을 했습니다. 그러나 걱정과 달리 이른 아침에 눈이 잘 떠졌고 기도 모임의 자리도 지킬 수 있었습니다. 제가 기도 모임을 할 수 있도록 힘을 주시는 분은 하나님이십니다. 스쿨처치를 하면서 하나님이 위대하시고 크신 분이라는 것을 느낄 수 있었습니다.

**Q 스쿨처치를 하면서 가장 기억에 남는 에피소드는 무엇인가요?**

선교단체의 주관으로 기도 인도자 모임에 참석했던 일입니다. 혼자 기도 모임을 할 때가 있어서 포기하고 싶은 마음이 들었는데, 기도 인도자 모임에서 회복하는 시간을 가질 수 있었습니다.

그리고 코로나19 사태로 한동안 오프라인 모임을 갖지 못하다가 4명이 오프라인으로 모여서 기도 모임을 한 적이 있는데 그날도 기억에 남습니다. 비대면 수업으로 학생들이 한자리에 모이기가 쉽지 않았기에 그날이 올해 중 가장 많은 인원을 본 날이었습니다. 한자리에 모여서 기도하는 시간이 정말 소중하게 느껴졌습니다.

**Q 이제 막 스쿨처치에 도전을 받고 스쿨처치를 세우려는 친구들에게 용기를 북돋워 주는 한마디 부탁드립니다.**

하나님이 우리와 함께하신다는 말씀을 꼭 드리고 싶습니다. 스쿨처치를 누군가와 함께하면 당연히 힘이 되고 좋습니다. 동역자의 힘이 정말 대단하기 때문입니다. 그런데 혼자 모임을 해야 한다는 이유로 스쿨처치를 포기하지 않으셨으면 좋겠습니다. 우리에게는 어느 누구보다 강하신 하나님이 함께하고 계시기 때문에 결코 혼자라고 할 수 없습니다. 그리고 하나님이 언젠가 동역자를 보내 주실 것입니다.

스쿨처치는 생각보다 어려운 일이 아닙니다. 우리가 늘 하는 기도를 단지 자리를 옮겨서 하는 것뿐입니다. 너무 두려워하지 마시고 꼭 스쿨처치를 세우시기를 응원합니다. 함께 꼭 학교 기도자로 만나게 되면 좋겠습니다.

**Q 스쿨처치를 한마디로 표현해 주세요.**

"나에게 스쿨처치란 표지판이다."

스쿨처치는 제가 하나님 앞에서 어떤 일을 해야 하는지 안내해 주는 역할을 하고, 신앙의 방황을 할 때면 유턴 표지판처럼 하나님께 다시 돌려보내 주기 때문입니다.

SCHOOL CHURCH

우리 학교에
아직 스쿨처치가 없다면
포켓 예배지를 따라
스쿨처치를 세워보아요!

부록 3

# 스쿨처치 포켓 예배지

- 학교에서 교회를 세우는 과정
- 큐티(Q.T)하는 방법
- 스쿨처치 모임 방법
- 스쿨처치 기도 제목

## 학교에서 교회를 세우는 과정을 소개합니다

1. 기도하면서, 주변에서 크리스천 친구들과 학교에서도 하나님을 중심에 모시고 함께할 친구들을 찾습니다.

2. 정기적인 모임 시간(조회 시간 전, 점심시간, 저녁 시간 등)을 정합니다.
   - 일주일에 한 번, 일주일에 두 번, 매일 등 – 처음에는 일주일에 한 번을 권합니다.

3. 모일 장소를 정합니다. 특별히 예수님을 믿는 선생님이 계신다면, 그 선생님께 부탁드려서 특별한 장소를 허락받는 방법이 있습니다.
   - 식사 때 기도하는 선생님이 계신지 눈여겨보거나, 교무실에서 지나가는 말로 "선생님, 교회 다니세요?"라고 물어볼 수 있겠죠?

4. 혹시 크리스천 선생님을 발견하지 못했다면, 학생들끼리 모임 장소를 정합니다. 하나님께 마음껏 예배할 수 있는 장소를 허락해 달라고 기도하면 분명 좋은 장소를 허락해 주실 거예요! 가장 좋은 장소는 음악실이고요. 미술실, 다목적실, 수돗가, 운동장, 빈 교실, 정자 밑, 소각장 근처, 국기 게양대 앞 등 어디든지 모일 수 있는 장소를 찾아보세요.
   - 신기하게 음악 선생님 중에 크리스천이신 분이 많아요.

5. 무엇보다 일단 시작해보세요. 성령님과 함께 기도하는 한 사람만 있으면 됩니다. 왜냐고요? 내가 바로 교회니까요!

## 큐티(Q.T.) 하는 방법

1 / 성경책을 편다.

2 / 읽는다.

3 / 마음에 와닿는 부분이 있으면 줄을 그어 표시하거나, 여러 번 읽어도 좋다.

4 / 묵상 노트에 마음에 와닿는 구절을 따라 쓰거나 깨달은 것을 적는다.

5 / 나에게 주시는 말씀으로 알아 실천할 것을 찾는다.

6 / 기도한다.

7 / 삶으로 실천한다.

큐티(Q.T.)는 영어로 콰이어트 타임(Quiet Time)으로 직역하면 '조용한 시간'이다. 우리나라 말로 '묵상(默想)'이라고 한다.

## 스쿨처치 모임 방법

**학교에 스쿨처치가 있는 경우**

- **찬양** – 다 같이
- **대표기도** – 기도자
- **말씀** – 설교자
  설교자가 없는 경우에는 인도자와 모인 학생들이 말씀을 같이 읽는다.
  말씀을 다 같이 읽은 뒤 인도자가 요약할 수 있다.
- **함께 기도** – 다 같이
  말씀과 5가지 기도 제목을 놓고 기도한다.
  인도자가 5가지 기도 제목 중 하나를 선택하여 기도를 인도하면 좋다.
- **광고** – 인도자
- **주기도문** – 다 같이

**학교에 스쿨처치가 없는 경우**

- 기도할 시간과 장소를 정한다.
  기도 시간과 장소는 학교에 있을 때가 좋지만,
  집이나 다른 곳에서 해도 좋다.
- 5가지 기도 제목 중 하나를 정하여 기도한다.
  요일마다 기도 제목을 바꾸어 기도하면 좋다.

**온라인으로 스쿨처치를 하는 경우**

- 함께 예배할 친구들과 온라인으로 모일 시간을 정한다.
- 각자의 공간에서 줌(Zoom)이나 구글미트(Google Meet)를 활용하여 온라인으로 접속한다.
- 한 사람이 찬양을 인도하거나 유튜브(YouTube)에서 찬양을 틀어 놓고 찬양한다.
- 사역자가 말씀을 전해주거나, 학생들끼리 말씀을 묵상한다.
- 다 같이 기도한다.

# 스쿨처치 기도 제목

### 학교를 위해

하나님, 이 시간 우리가 다니는 학교를 위해 기도합니다.
우리가 배움의 좋은 터전에서 공부할 수 있게 해주셔서 감사합니다.
우리 학교가 입시 위주의 교육만을 추구하지 않도록 도와주시고,
학교 안에 폭력, 따돌림, 음란, 이기심 같은
죄악이 사라지게 해주세요.
그래서 학교 안에 믿음이 없는 친구들도
하나님의 일하심을 볼 수 있게 해주시고,
우리 학교가 하나님의 사랑과 복을 나누는
축복의 통로가 되게 해주세요.
예수님 이름으로 기도합니다. 아멘.

## 학교 선생님들을 위해

하나님 우리 학교에서 근무하시는 모든 선생님을 위해 기도합니다.
교장, 교감, 부장 선생님들이
올바른 교육의 방향과 목표를 가지고,
학교를 잘 운영할 수 있도록 지혜를 주세요.
모든 선생님이 학생들을 진심으로 사랑하며,
헌신으로 가르칠 수 있도록 도와주세요.
선생님에게도 연약함이 있기 때문에
실수하거나 잘못할 수도 있습니다.
그래도 우리가 주님의 사랑으로 선생님을 바라볼 수 있게 해주세요.
예수님 이름으로 기도합니다. 아멘.

스쿨처치 기도 제목

### 친구들을 위해

하나님, 학교 안에 많은 친구들과 선후배들이
학교에서 많은 시간을 보내며, 서로 영향을 주고받습니다.
그 과정에도 하나님이 역사해 주세요.
학교 안에 방황하는 친구들도 있습니다.
술, 담배를 하고, 이성과 부적절한 만남을 갖는 친구들을
불쌍히 여겨주시고,
그 친구들이 옳은 길로 갈 수 있도록 인도해 주세요.
하나님, 우리가 믿음이 없는 친구들에게
선한 영향력을 끼치길 소망합니다.
하나님을 믿지 않는 친구들이
우리의 모습을 보고 예수님께 인도되도록 도와주세요.
예수님 이름으로 기도합니다. 아멘

## 학교 기도 모임을 위해

하나님, 우리의 기도 모임을 통해서
학교에도 하나님의 나라가 임하기를 소망합니다.
우리의 기도를 통해 학교가 하나님이 기뻐하시는
사랑의 배움터가 될 수 있도록 인도해 주세요.
기도 모임에 온 학생 중
마음이 힘든 학생이 있다면 하나님이 위로해 주시고,
연약한 학생이 있다면 하나님의 은혜와 능력을 부어주세요.
우리의 기도 모임을 전도의 통로로 사용해 주세요.
예수님 이름으로 기도합니다. 아멘.

스쿨처치 기도 제목

### 국가를 위해

하나님, 우리나라를 위해서 기도합니다.
대통령과 모든 정치인과 지도자들이
하나님의 마음을 깨닫게 해주셔서,
하나님이 원하시는 방향으로 우리나라를 이끌게 해 주세요.
이 땅에 차별과 소외와 아픔이 사라지고,
온 국민이 한마음을 품게 해주세요.
북한 땅을 불쌍히 여겨 주시고,
하루속히 통일의 은혜가 넘치게 해주세요.
이 땅에 하나님을 바르게 알리는 크리스천들이 늘어나서
기독교의 이미지가 회복되게 해주세요.
예수님 이름으로 기도합니다. 아멘.

SCHOOL CHURCH

나에게 스쿨처치란 힘 이다.

스쿨처치에서 듣는 말씀과 간증으로 살아갈 힘을 얻기 때문이다.
- 이예슬

나에게 스쿨처치란 하나님의 자녀 다.

스쿨처치 예배드리는 모두가 하나님이 만드신 성품을 가졌기 때문이다.
- 이진우

나에게 스쿨처치란 무엇과도 바꿀 수 없는 기억 이다.

너무 행복한 기억이라 그 무엇과도 절대 바꿀 수 없기 때문이다.
- 이태양

나에게 스쿨처치란 밥 이다.

매일 육신의 양식을 먹는 것처럼 매일 말씀을 먹을 수 있기 때문이다.
- 임현아

나에게 스쿨처치란 어둠 속의 빛 이다.

스쿨처치를 하는 시간이 다가오면 모든 걱정과 근심이 사라지면서
행복해지기 때문이다.
- 조세빈

SCHOOL CHURCH

### 나에게 스쿨처치란 휴게소 다.

바쁜 생활 속에서 하나님의 말씀을 들으며
쉼을 얻고 회복할 수 있는 시간이기 때문이다.
**- 정명오**


### 나에게 스쿨처치란 황금 거위 다.

동화 '황금 거위' 이야기처럼 우리가 그리스도 안에서
모두 이어져 있다는 것을 경험하게 해주기 때문이다.
**- 조은수**


### 나에게 스쿨처치란 동아줄 이다.

동아줄처럼 스쿨처치를 잡고 있으면 신앙을 지킬 수 있기 때문이다.
**- 지정훈**


### 나에게 스쿨처치란 표지판 이다.

신앙의 방황을 할 때 유턴 표지판처럼 하나님께 다시 돌려보내 주기 때문이다.
**- 황예희**

## 사명선언문

너희가 흠이 없고 순전하여······세상에서 그들 가운데 빛들로
나타내며 생명의 말씀을 밝혀 _ 빌 2:15-16

**1. 생명을 담겠습니다**
만드는 책에 주님 주신 생명을 담겠습니다.
그 책으로 복음을 선포하겠습니다.

**2. 말씀을 밝히겠습니다**
생명의 근본은 말씀입니다.
말씀을 밝혀 성도와 교회의 성장을 돕겠습니다.

**3. 빛이 되겠습니다**
시대와 영혼의 어두움을 밝혀 주님 앞으로 이끄는
빛이 되는 책을 만들겠습니다.

**4. 순전히 행하겠습니다**
책을 만들고 전하는 일과 경영하는 일에 부끄러움이 없는
정직함으로 행하겠습니다.

**5. 끝까지 전파하겠습니다**
모든 사람에게, 땅 끝까지, 주님 오시는 그날까지
복음을 전하는 사명을 다하겠습니다.

## 서점 안내

**광화문점**  서울시 종로구 새문안로 69 구세군회관 1층
02)737-2288 / 02)737-4623(F)

**강남점**  서울시 서초구 신반포로 177 반포쇼핑타운 3동 2층
02)595-1211 / 02)595-3549(F)

**구로점**  서울시 동작구 시흥대로 602, 3층 302호
02)858-8744 / 02)838-0653(F)

**노원점**  서울시 노원구 동일로 1366 삼봉빌딩 지하 1층
02)938-7979 / 02)3391-6169(F)

**분당점**  경기도 성남시 분당구 황새울로 315 대현빌딩 3층
031)707-5566 / 031)707-4999(F)

**일산점**  경기도 고양시 일산서구 중앙로 1391 레이크타운 지하 1층
031)916-8787 / 031)916-8788(F)

**의정부점**  경기도 의정부시 청사로47번길 12 성산타워 3층
031)845-0600 / 031)852-6930(F)

**인터넷서점**  www.lifebook.co.kr